Pflanzen schneiden

schnell & einfach

> Autorin: **Anja Flehmig** | Fotografen: **Ursel Borstell, Wolfgang Redeleit, Hans Reinhard** und andere bekannte Gartenfotografen

Inhalt

Gartenpraxis
Das 5-Stufen-Erfolgsprogramm

>> schnell & einfach

1 Kennen lernen

Pflanzen schneiden ist halb so schwer, wie Sie denken. Schon wenige Grundregeln reichen aus, um Ihre Pflanzen gesund und in Form zu halten.

- 6 Warum schneiden?
- 8 Die wichtigsten Schnittformen

2 Vorbereiten

Nehmen Sie sich ein bisschen Zeit für die Vorbereitung: Besorgen Sie sich zuerst das passende Werkzeug. Auch auf den richtigen Zeitpunkt kommt es an.

- 10 Der richtige Zeitpunkt
- 12 Werkzeug und Zubehör

3 Technik

Die richtige Schnitttechnik ist der halbe Erfolg. Und die abgeschnittenen Zweige und Äste können Sie in Ihrem Garten sinnvoll weiter verwenden.

- 14 Richtig schneiden
- 16 Wohin mit dem Schnittgut?
- ➤ **18 Kinder-Spezial:**
  Aus Zweigen einen Wigwam bauen

4 Schneiden

Nicht alle Pflanzen werden gleich geschnitten. Hier erfahren Sie, wie Sie sie zu üppiger Blüte und reicher Ernte anregen und einen schönen Wuchs erzielen.

- 20 Blütensträucher, Kletterpflanzen
- 24 Rosen
- 26 Hecken
- 29 Obstbäume und Beerensträucher
- 30 Kübel- und Balkonpflanzen
- 32 Stauden, Kräuter, Bodendecker
- ➤ **34 Deko-Spezial:**
  Pflanzenkunst mit Topiary

5 Pflegen

Mit ein paar besonderen Tricks geben Sie Ihren Pflanzen den letzten Schliff. Ein kleiner Schnitt hier und da – und schon erblüht Ihr Garten in voller Pracht.

- 36 Allgemeine Pflegeschnitte
- 38 Spezielle Pflegeschnitte

Pflanzenporträts
TOP 20

Die beliebtesten Gartenpflanzen mit Schnitttechnik im Porträt

- 42 Blütensträucher & Kletterpflanzen
- 44 Hecken und Bäume
- 46 Nutzpflanzen
- 48 Rosen, Balkon- und Kübelpflanzen

Pflanzentabellen

- 50 Weitere Pflanzen

Anhang

- ➤ **56 Arbeitskalender**
- 58 Register
- 61 Literatur, Adressen
- 62 Impressum
- ➤ **64 Die 10 GU-Erfolgstipps**
  So wird Pflanzen schneiden ein Erfolg

➤ GU Serviceseiten

Gartenpraxis

1. Kennen lernen	Seite 6–9
2. Vorbereiten	Seite 10–13
3. Technik	Seite 14–19
4. Schneiden	Seite 20–35
5. Pflegen	Seite 36–39

Warum schneiden?

Der Schnitt gehört zu den wichtigsten Arbeiten im Garten: Er dient der Schönheit der Pflanzen und fördert außerdem ihre Gesundheit. Bei vielen Situationen im Garten ist der Griff zu Schere oder Säge das einzig Richtige:
➤ Ihre schönsten Sträucher sind im Lauf der Zeit unansehnlich geworden. Sie werden innen kahl und blühen kaum noch. Vielleicht ist auch der ganze Garten etwas verwildert: Mit dem richtigen Schnitt werden Bäume und Sträucher wieder in Form gebracht und entfalten üppige Blütenpracht.
➤ Sie wünschen, dass neue Hecken oder Sträucher rasch zu einem Sichtschutz heranwachsen: Auch hier regt ein geeigneter Schnitt das Wachstum der jungen Pflanzen an.
➤ Ihre Obstbäume und Beerensträucher tragen nur noch kümmerliche Früchte: Nach dem Schnitt können Sie wie der reichlich ernten.
➤ Und nicht zuletzt tut ein gekonnter Schnitt auch Balkon- und Kübelpflanzen gut: Sie blühen länger und üppiger und treiben nach der Überwinterung kräftig aus.

Wie der Schnitt wirkt

Der richtige Schnitt übt auf die meisten Pflanzen eine heilsame Wirkung aus:
➤ Wenn Sie zu dicht stehende Zweige und Äste entfernen, gelangen wieder mehr Sonne, Wärme und Luft in das Innere der Pflanze. Die Folge: Die Blätter bekommen mehr Licht, der Stoffwechsel wird angekurbelt, und die Pflanze bildet mehr neue Blätter, Blüten, Zweige und Früchte.
➤ Durch die bessere Durchlüftung und Wärmezufuhr trocknen Regen- und Gießwasser rascher ab: Pilzkrankheiten haben keine Chance mehr, und auch der Befall mit Schädlingen wird reduziert.
➤ Ein Schnitt regt die Pflanzen zu kräftigem Neuaustrieb an; sie wachsen buschiger und kompakter.
➤ Wenn Sie alte, tote oder kranke Triebe herausnehmen oder die Pflanze stark zurückschneiden, kann sie ihre Kraft ganz in die Bildung von Trieben und Blüten stecken.

Schnitt-Gesetz

Wer jemals versucht hat, durch einen radikalen Schnitt einen zu groß gewordenen Busch oder Baum klein zu kriegen, weiß: Das funktioniert meistens nicht. Je mehr Sie schneiden, umso schneller und stärker wachsen die Pflanzen nach. Der Grund: In

➤ *Ein gekonnter Schnitt fördert eine reiche Blüte und die Gesundheit.*

1. Kennen lernen
WARUM SCHNEIDEN?

> Sträucher und Stauden wachsen prächtig, wenn man einmal im Jahr die Pflanzen gezielt zurückschneidet.

den Spitzen der Triebe sitzt ein Pflanzenhormon, das die Bildung und das Wachstum der Seitentriebe unterdrückt bzw. dafür sorgt, dass die Seitentriebe schwächer wachsen als der Haupttrieb. Entfernen oder kürzen Sie etwa bei einem Laubbaum den langen Haupttrieb, fehlt die Wirkung dieses Hormons und ruhende Knospen und junge Seitentriebe treiben vermehrt aus. Natürlich reagiert jede Pflanzenart auf einen Schnitt etwas anders und man muss sie zu verschiedenen Zeiten und auf verschiedene Art und Weise schneiden (→ Seite 20–33); manche Arten vertragen sogar überhaupt keinen Schnitt. Aber als Grundprinzip gilt: Schneiden Sie einen Baum oder Strauch stark zurück, reagiert er mit einem starken Neuaustrieb. Schneiden Sie nur wenig, wachsen nur wenige und kürzere Triebe nach. Diese Regel dient als Leitfaden für jeden Schnitt. Wenn Sie sich nach ihr richten, wird der nächste Schnitt ein Erfolg und Sie können Ihre Pflanzen in Form halten. ■

PRAXISINFO

Kleines Gärtner-ABC

Folgende Fachbegriffe erleichtern das Verständnis:

- **Altes Holz:** verholzte Triebe im Gegensatz zu neuen, weichen, grünen Trieben.
- **Augen:** Knospen im Anfangsstadium. Schlafende Augen genannt, solange sie unter der Rinde ruhen.
- **Blütentriebe:** Triebe, die Blüten und dann Früchte tragen.
- **Einjähriges Holz:** Triebe, die im Frühjahr neu austreiben.
- **Fruchttriebe:** Triebe, an denen sich die Früchte entwickeln (→ Blütentriebe).
- **Internodien:** Triebabschnitt zwischen zwei Knospen.
- **Knospe:** In einer Knospe entwickeln sich die Zellen für Triebe, Blüten und Blätter.
- **Knoten (Nodien):** Stellen an einem Trieb, an dem sich Knospen bilden.
- **Leittrieb:** die langen Triebe, die die Seitentriebe tragen.
- **Neuaustrieb:** in einer Saison neu wachsende Triebe.
- **Quirl:** kurze Triebe, die um eine Schnittstelle austreiben.
- **Seitentrieb:** kurze Triebe, die an den Leittrieben sitzen.
- **Wasserschosser:** dünne Triebe, die senkrecht nach oben wachsen.
- **Wuchsform:** natürliche Form einer Pflanze, z. B. buschig, schlank oder baumförmig.

Die wichtigsten Schnittformen

Schon mit wenigen Schnittformen halten Sie Ihre Pflanzen gesund und bringen Ihren Garten in Form. Eins vorweg: Greifen Sie erst zu Schere oder Säge, wenn Sie sich darüber im Klaren sind, was Sie mit dem Schnitt bewirken wollen: Müssen alte, kranke oder zu dicht stehende Triebe entfernt werden? Blüht ein Strauch nicht mehr richtig oder ist er zu groß geworden? Auch die Pflanzenart ist wichtig: Einige blühen nach einem starken Schnitt richtig auf, andere dürfen nur ab und zu ein wenig gestutzt werden. Doch egal, welchen Schnitt Sie für eine Pflanze wählen: Achten Sie darauf, dass Sie ihren Charakter, also ihre natürliche Wuchsform, erhalten.

Pflanzschnitt
Bei neu gekauften Sträuchern oder Rosen führt man vor dem Einpflanzen den Pflanzschnitt durch: Er regt Wurzeln und Zweige zu vermehrtem Wachstum an. Die Pflanze wächst besser an und der Wuchs wird buschiger. Kürzen Sie zunächst die Wurzeln etwa um ein Drittel ihrer Länge und entfernen Sie faulige Wurzeln. Anschließend schneiden Sie die Triebe so, dass die Länge der Zweige und Wurzeln etwa in einem Verhältnis von zwei Dritteln (Zweige) zu einem Drittel (Wurzeln) steht.

Auslichtungsschnitt
Der Auslichtungsschnitt ist der wichtigste Schnitt, weil man ihn bei vielen Ziersträuchern und Kletterpflanzen (→ Seite 20–23), bei Rosen (→ Seite 24/25) sowie Obstbäumen und Beerensträuchern (→ Seite 28/29) zur Pflege anwendet. Durch ihn behalten die Pflanzen ihre Form, er fördert die Blütenbildung und bei Obstbäumen und Beerensträuchern die Bildung und das Ausreifen der Früchte. Beim Auslichtungsschnitt werden vor allem einzelne alte Zweige herausgenommen (→ Zeichnung 1), damit die Pflanzen nicht zu dicht werden. Die beste Zeit für diesen Schnitt ist der Spätwinter.

Rückschnitt
Der Rückschnitt dient dazu, alte oder zu groß gewordene Pflanzen zu verjüngen. Die Wuchsform, also das Längenverhältnis der Zweige zueinander, bleibt erhalten (→ Zeichnung 2). Alle Zweige werden um bis zu zwei Drittel ihrer ursprünglichen Länge gekürzt. Der Rückschnitt führt zu einem kräftigen Neuaustrieb, die Pflanzen wachsen buschiger. Günstigs-

> Beim Pflanzschnitt kürzt man Wurzeln und Zweige um etwa ein Drittel.

1. Kennen lernen
DIE WICHTIGSTEN SCHNITTFORMEN

1 Auslichtungsschnitt
Überalterte oder abgestorbene Zweige werden kurz über dem Boden herausgenommen. Äste, die sich kreuzen, werden ebenfalls entfernt.

2 Rückschnitt
Schneiden Sie alle Zweige – je nach Art – um ein bis zwei Drittel zurück. Das ursprüngliche Längenverhältnis der Zweige bleibt erhalten.

3 Horstschnitt
Man kürzt alle Triebe auf etwa 10–15 cm über dem Boden ein. Im Idealfall hat der Pflanzenstock dann die Form eines flachen Bogens.

te Jahreszeit: im Frühjahr, kurz bevor die Pflanzen austreiben. Eingesetzt wird er bei Rosen (→ Seite 24), Blütensträuchern (→ Seite 20) und Kübelpflanzen (→ Seite 30).

Horstschnitt
Ein Horstschnitt ist ein radikaler Rückschnitt, bei dem alle Triebe stark gekürzt werden (→ Zeichnung 3). Er dient der Verjüngung überalterter, blühfauler Sträucher und Stauden. Termin: Sträucher im Spätwinter, Stauden im Herbst oder Frühjahr.

Formschnitt
Mit dem Formschnitt bringt man jedes Jahr die Hecken in Form (→ Seite 26). Man bezeichnet damit auch den Schnitt von Gehölzen wie etwa Buchsbaum zu Figuren wie Kugeln oder Spiralen. Diese Sonderform des Schnitts wird auch Topiary genannt (→ Seite 34).

Weitere Schnittformen
Blütenschnitt: Bei Rosen und Balkonpflanzen ist das regelmäßige Abschneiden der abgeblühten Blüten wichtig, weil es die Bildung neuer Blüten anregt (→ Seite 36).
Erziehungsschnitt: Er bringt junge Obstbäume in den ersten zwei bis fünf Jahren in die gewünschte Form und verstärkt außerdem die positive Wirkung des Pflanzschnitts (→ Seite 38/39).

PRAXISINFO

Schneiden oder nicht schneiden?

✗ **Regelmäßigen Schnitt brauchen:** Brombeeren, Hecken, Himbeeren, Hortensien, Mandelbäumchen sowie Rosen.

✗ **Ab und zu einen Schnitt vertragen:** Clematis, Efeu, Forsythie, Glyzine, Haselstrauch, Johannisbeere, Kübelpflanzen, Obstbäume, Spiree, Stachelbeere.

✗ **Keinen Schnitt vertragen:** Essigbaum, Felsenbirne, Goldregen, Kirschlorbeer, Magnolie, Nadelbäume (außer Thuja-, Eiben-, Wacholderhecken), Rhododendron, Zaubernuss, Zierkirsche.

Der richtige Zeitpunkt

Nur wenn Sie zum richtigen Zeitpunkt schneiden, können Sie mit dem Schnitt ein optimales Ergebnis für Ihre Pflanzen erreichen.
Der ideale Termin für den Schnitt ist bei den meisten Pflanzen vom Zeitpunkt der Blüte abhängig – und natürlich auch vom Zustand der Pflanze. Und da jeder Schnitt für eine Pflanze Stress bedeutet, sollten Sie immer zu einer Jahreszeit schneiden, in der die Pflanze am wenigsten unter dem Eingriff leidet. Erkundigen Sie sich am besten schon beim Kauf einer Pflanze danach, wann sie am besten geschnitten wird, und notieren Sie sich diesen Termin (→ Tipp Seite 13).
Der Rückschnitt von Pflanzen ist aber auch etwas sehr Individuelles. Der eine mag es lieber etwas zugewachsen, der andere liebt einen Garten mit akkurat geschnittenen Pflanzen. Wenn es um die Grundstücksgrenze zum Nachbarn geht, sollten Sie sich gegenseitig absprechen, was dort wachsen soll und was nicht. In folgenden Fällen ist jedoch ein Schnitt zum nächstmöglichen Zeitpunkt notwendig:
➤ wenn die größeren Äste der Sträucher oder Obstbäume ineinander oder über Kreuz wachsen und sich das Licht wegnehmen
➤ wenn Beerensträucher und Obstbäume zu kleine, durchlöcherte oder von Pilzen befallene Früchte tragen
➤ wenn Sträucher zu dicht stehen – es sei denn, es soll eine Hecke wachsen
➤ wenn niedrige Blütensträucher (z. B. Hortensien, Rosen) von unten her kahl werden, nur noch wenig Blüten bilden oder häufig von Pilzen befallen sind
➤ wenn Bodendecker weit über die Beetbegrenzung hinauswachsen und Stauden nicht mehr blühen.

Spätwinter und zeitiges Frühjahr

Für viele Sträucher, die im Spätsommer und Herbst blühen, sowie für Obstgehölze sind trockene, kühle und schneefreie Tage im Spätwinter und zeitigen Frühjahr zwischen Januar und Mitte März die günstigste Zeit für größere Schnittmaßnahmen. Beachten Sie die Vorschriften der Landesnaturschutzbehörden (→ Praxisinfo).
➤ In dieser Zeit tragen die Pflanzen kein Laub und ihr Aufbau ist gut zu erkennen.
➤ In der winterlichen Ruhezeit fließt kein Saft in den Ästen, die Pflanzen »bluten« nach einem Schnitt nicht.
➤ Weil der Saftstrom ruht, ist auch das Risiko einer Wund-

Kletterrosen brauchen nur ab und zu einen Auslichtungsschnitt im Frühjahr.

2. Vorbereiten
DER RICHTIGE ZEITPUNKT

> *Schneidet man Verwelktes regelmäßig aus, wird die Blüte gefördert.*

infektion gering, Schadpilze können nicht wachsen. Achtung: Nie bei Temperaturen unter –5 °C schneiden! Die geschnittenen Zweige nehmen sonst Schaden, weil die Triebspitzen, die als Winterschutz dienen, nun fehlen. Folgende Schnitte können Sie im Spätwinter und zeitigen Frühjahr durchführen:
➤ den Auslichtungsschnitt bei Obstbäumen und Beerensträuchern wie Himbeeren, Stachelbeeren und Brombeeren (→ Seite 28)
➤ den Auslichtungs- oder Rückschnitt bei einigen Ziersträuchern, die erst im Sommer blühen. Dazu gehören zum Beispiel Hibiskus und Geißblatt.

Mitte März bis April
Sobald die Tage etwas wärmer und länger werden, kommen die übrigen im Sommer blühenden Ziersträucher sowie Rosen, Stauden und überwinterte Balkon- und Kübelpflanzen an die Reihe; die, die an einjährigen Trieben blühen, haben so genug Zeit, um bis zur Blüte neue Triebe zu bilden. Jetzt ist es Zeit für:
➤ den Rückschnitt von Blütensträuchern wie z.B. Hortensien, Potentilla, Schmetterlingsstrauch und Polsterspireen (→ Seite 21–23)
➤ den Rückschnitt bzw. Auslichtungsschnitt von Rosen (→ Seite 25) und den Horstschnitt von Stauden und Ziergräsern (→ Seite 32/33)
➤ den Rückschnitt von Kübelpflanzen (→ Seite 30/31).

Sommer
➤ Der Sommer ist die Zeit für den Heckenschnitt: Jetzt sind die Zweige der Heckengehölze weich und können sich nach dem Schnitt gut regenerieren.
➤ Wenn der Auslichtungsschnitt direkt nach der Blüte versäumt wurde, kann man ihn jetzt noch bei früh blühenden Sträuchern wie Forsythie, Ranunkelstrauch, Weigelie und Blutjohannisbeere nachholen (→ Seite 20).

Herbst
Im Herbst und Winter hat die Gartenschere Pause: Schneidet man jetzt noch Bäume und Sträucher, werden die neu entstehenden Triebe durch den bald einsetzenden Frost geschädigt. ■

PRAXISINFO

Bitte nicht stören!

Hecken und Sträucher sind Brutplätze für Vögel.

✗ Schneiden Sie Hecken und Sträucher deshalb nur, wenn Sie dort keine Nester finden oder diese nicht mehr bewohnt sind.

✗ Einheimische Bäume und Hecken dürfen (je nach Landesnaturschutzgesetz) nur von Oktober bis Mitte März gerodet werden, um die Vogelbrut nicht zu stören.

✗ Diese Termine sind regional verschieden. Erkundigen Sie sich bei der Naturschutzbehörde.

Werkzeug und Zubehör

Qualität macht sich auch bei den Werkzeugen bezahlt: Für den Anfang reichen eine Gartenschere und eine Astsäge völlig aus.
Wählen Sie handliche, nicht zu schwere Schneidwerkzeuge. Prüfen Sie, ob sie gut in der Hand liegen und einfach zu bedienen sind.

➤ Erkundigen Sie sich, ob Sie die Scheren, Sägeblätter etc. Ihres Werkzeugs über Jahre hinweg nachkaufen können.

➤ Werkzeuge, die mit einem langen Hebel arbeiten, wie Astscheren, lange Handheckenscheren oder Baumsägen mit langem Stiel, sind mit der Zeit schwer und unhandlich. Sie sind nur bei wirklich großen Schnittmaßnahmen notwendig und sinnvoll. Ansonsten reichen normale Gartenscheren und Sägen.

➤ Astscheren sind praktisch, um sparrige, dornige oder dickere Äste herauszuziehen und klein zu schneiden.

➤ Wenn Sie Linkshänder sind, kaufen Sie extra für Linkshänder konstruierte Scheren bzw. Heckenscheren.

Scheren, Sägen & Co.

Amboss-Scheren: Dies sind Scheren mit einer Amboss-Klinge: Eine gerade geschliffene Schneide-Klinge drückt gegen ein festes Widerlager, den Amboss. Sie ist stabil und liegt gut in der Hand. Nachteil: Wenn Sie viele starke und im Saft stehende Äste schneiden, wird die Klinge unscharf und muss ersetzt werden.

By-Pass-Scheren: Diese Gartenscheren schneiden feinere Äste sehr gut. Nachteil: Sie taugen auf Dauer nicht für verholzte Triebe. Die Klingen werden bald unscharf und weichen auseinander.

Heckenscheren: Sie haben sehr lange Messer; man benutzt sie auch für den Formschnitt (→ Seite 34/35).

Astsägen: Zum Absägen dickerer Äste benötigen Sie eine grobzinkige, kurze Säge. Praktisch und kindersicher sind zusammenklappbare und verriegelbare Sägen.

Messer: Für Pflanzen mit weichen Trieben ist ein kleines Küchenmesser praktisch. Gartenscheren werden unscharf, wenn man oft saftige Stängel schneidet. Zum Glätten von Schnitträndern an Ästen dient ein Gartenmesser, auch Hippe genannt.

➤ Ideal für den Schnitt von Rosen und Sträuchern: Die Amboss-Schere schneidet auch verholzte Triebe mühelos.

2. Vorbereiten
WERKZEUG UND ZUBEHÖR

> Eine handliche, kurze Säge mit grobzinkigem Sägeblatt reicht für den Schnitt der Obstbäume meist völlig aus.

TIPP

>> schnell und einfach

Hilfreiche Etiketten

Hat man viele Sträucher im Garten, ist es schwer, sich für jede Art die jeweilige Schnittform und den richtigen Schnittzeitpunkt zu merken.

➤ Legen Sie sich als Gedächtnisstütze jeweils ein Steck-Etikett für jede Pflanze an. Die Etiketten sind im Gartencenter erhältlich.

➤ Notieren Sie auf dem Etikett Pflanzennamen, Schnittzeitpunkt und Schnittform.

➤ Stecken Sie dann die Etiketten zu den jeweiligen Pflanzenarten.

Werkzeugpflege

➤ Reiben Sie nach dem Gebrauch die Klingen mit einem sauberen Tuch oder mit Spiritus oder Alkohol ab. Offen trocknen lassen und an einem trockenen Ort lagern.

➤ Achtung: Ziehen Sie den Stecker, wenn Sie elektrische Heckenscheren säubern!

➤ Die Sägeblätter elektrischer Sägen und Heckenscheren sprühen Sie ein- bis zweimal im Jahr mit etwas Öl ein.

➤ Sorgen Sie dafür, dass die Klingen Ihrer Werkzeuge immer scharf sind.

➤ Sägen und Gartenscheren vor Kinderhänden immer sicher lagern!

Nützliches Zubehör

Was Sie sonst noch brauchen:

➤ eine langärmelige Jacke und eine lange Hose, um sich vor Verletzungen zu schützen,

➤ Gartenhandschuhe aus Leder oder gelbe Gärtnerhandschuhe, feste Schuhe.

➤ Eimer oder Korb für kleineres Werkzeug, Schubkarre, Fächer- oder Drahtbesen, Schaufel und Gabel, um Schnittgut einzusammeln. ■

PRAXISINFO

Sie brauchen für…

✗ **Balkonpflanzen und Kräuter:** kleines Küchenmesser

✗ **Rosen:** By-Pass- oder Amboss-Schere, kleine Säge

✗ **Ziersträucher und Kletterpflanzen:** Amboss-Schere, kleine Säge, Astschere

✗ **Stauden und Bodendecker:** kurze Hand-Heckenschere, Amboss-Schere

✗ **Hecken:** für kleine eine Hand-Heckenschere, sonst elektrische mit kürzerem Sägeblatt; für ältere Hecken elektrische Schere mit mittellangen Sägeblättern

✗ **Obstbäume und -sträucher:** Amboss-Schere, Astsäge

Richtig schneiden

Wenn Sie mit scharfem Werkzeug an der richtigen Stelle richtig schneiden, wird sich auch der gewünschte Erfolg einstellen.
Orientieren Sie sich beim Schneiden immer an der Lage der Knospen bzw. der Augen (→ Praxisinfo Seite 7). Die Augen erkennen Sie an den quer verlaufenden, bei Rosen rötlichen, bei Sträuchern weißlichen oder dunklen Strichen an Ästen und Zweigen. Während des Wachstums einer Pflanze wird aus einem schlafenden Auge eine Knospe und schließlich entwickelt sich aus der Knospe ein neuer Trieb. Ist dieser größer, dann ist die ehemalige Knospe eine Verzweigungsstelle.
Die Knospen sind bei den meisten Pflanzen abwechselnd rechts und links auf unterschiedlicher Höhe angeordnet, man nennt sie dann wechselständig. Bei anderen Arten, z. B. bei Hortensien, stehen sie sich auf gleicher Höhe gegenüber, sind also gegenständig.

Gewusst wo und wie
Man schneidet knapp über den Augen oder Knospen, weil sich nur hier spezielle Zellen befinden, die sich teilen und neue Triebe ausbilden können. Fachleute nennen diese Punkte »Knoten« oder »Nodien« (→ Praxisinfo Seite 7). Schneidet man zwischen den Knoten – an den Internodien – , trifft man keine teilungsfähigen Zellen. Der Aststummel stirbt ab, und über das tote Gewebe können Krankheitserreger in die

1 ▸ Von unten ansägen
Zuerst sägen Sie mit einer scharfen Astsäge in etwa 20 cm Abstand vom Stamm den Ast von unten an. Sägen Sie ihn zur Hälfte durch.

2 ▸ Von oben ansägen
Setzen Sie die Säge nun 1–2 cm weiter außen an und sägen den Ast von oben an. Bricht er nicht, helfen Sie mit sanftem Druck nach.

3 ▸ Absägen
Sägen Sie dann den Aststumpf möglichst nahe am Stamm ab. Sind die Schnittränder nicht sauber, glätten Sie sie mit dem Gartenmesser.

3. Technik
RICHTIG SCHNEIDEN

> *Die Äste von Sträuchern schneidet man immer kurz über Knospen ab.*

Pflanze eindringen. Schneiden Sie deshalb – außer beim Heckenschnitt –
➤ immer kurz über einem schlafenden Auge
➤ bei wechselständigen Knospen leicht schräg ca. 5 mm über einer nach außen liegenden Knospe, damit der Neutrieb nach außen wächst
➤ bei sich gegenüberliegenden Knospen mit einem geraden Schnitt kurz über dem Knospenpaar
➤ oder jeweils knapp über einer Verzweigungsstelle.

Blüten abknipsen

Achten Sie auch beim »Ausputzen« verwelkter Blüten (→ Seite 9) auf die Knotenpunkte. Knipsen Sie den Blütenstängel und nicht nur die Blüte kurz über der nächsten Verzweigungsstelle ab.

Dünnere Äste

Bei dünnen Ästen bis zu 1 cm Durchmesser setzen Sie die Schere so an, dass zunächst der Zweig oder Ast vollständig zwischen den Scherenblättern liegt. Erst dann kneifen Sie die Schere zu. Bei biegsamen Ästen schneidet es sich leichter, wenn Sie den Ast mit der freien Hand etwas nach unten biegen.
Bei Sträuchern mit langen Trieben schneiden Sie die Äste besser in zwei bis drei Etappen herunter. Das erleichtert Ihnen das Herausnehmen und Stapeln.

Stärkere Äste

Bei dickeren, härteren Ästen mit 2–5 cm Durchmesser kommt die Säge zum Einsatz. Schneiden Sie den Trieb so weit wie möglich mit der Schere zurück, dann wird das Sägen leichter. Ziehen Sie die Säge locker hin und her. Ist sie scharf genug, läßt sich der Ast leicht durchtrennen. Drücken Sie auch hier mit der freien Hand den Ast etwas nach unten, dann bleibt das Sägeblatt nicht stecken. Ist die Schnittfläche nicht ganz glatt, schneiden Sie Fasern mit der Amboss-Schere ab.

Obstbäume

Beim harten Holz von Obstbäumen sägen Sie den Ast zunächst von unten und oben an, bevor Sie ihn durchtrennen (→ Fotos Seite 14). Bei größeren Wundflächen glätten Sie den Rand mit einer Hippe und cremen ihn mit etwas Baumwachs ein. ■

PRAXISINFO

Schnitt-Einmaleins

✗ Setzen Sie den Schnitt immer knapp oberhalb von schlafenden Augen, Knospen oder einer Verzweigung an.

✗ Entfernen Sie von dickeren Ästen zuerst die Seitentriebe, und sägen Sie sie dann mit lockeren, gleichmäßigen Bewegungen durch.

✗ Biegen Sie den Ast mit einer Hand etwas nach unten, dann können Sie leichter sägen.

✗ Verwenden Sie nur scharfes Werkzeug, damit die Schnittränder sauber und glatt sind und das Pflanzengewebe nicht gequetscht wird.

Wohin mit dem Schnittgut?

Die abgeschnittenen Zweige und Äste sind zum Wegwerfen viel zu schade: Verwerten Sie sie als Mulch- oder Kompostmaterial oder nutzen Sie sie für eine Benjeshecke oder als hübsche Rankhilfen.

➤ Das Schnittgut von Balkon- und Kübelpflanzen findet meistens in der Biotonne oder auf dem Kompost genug Platz und die krautigen Stängel verrotten schnell.

➤ Fallen beim Schneiden längere Stängel oder Äste an, ist es praktisch, sie gleich nach dem Schnitt über der Schubkarre oder dem Korb klein zu schneiden. So passen nämlich auch die Schnittabfälle von Rosen oder kleineren Blütensträuchern in die Biotonne oder auf den Kompost.

➤ Die langen, etwas verholzten Triebe der Blütensträucher ziehen Sie zunächst einzeln mit der Triebspitze nach vorn heraus und stapeln sie auf dem Boden oder in der Schubkarre. Wichtig: Legen Sie die geschnittenen Äste alle in eine Richtung, dann lassen sie sich leichter transportieren, häckseln oder bündeln.

➤ Die sparrigen Äste und Zweige von Bäumen schneiden Sie so klein wie möglich. Kurzes, klein geschnittenes Astwerk kann auf den Kompost. Die dickeren, längeren Äste bilden ein gutes Gerüst für eine kleine Benjeshecke (→ Praxisinfo).

➤ Nach dem Heckenschnitt kehren Sie das Schnittgut einfach zusammen. Vergessen Sie nicht, vorher noch die Zweige aus der Hecke zu ziehen, die im Strauchwerk hängen geblieben sind. Lassen Sie das Schnittgut ein bis zwei Tage liegen, damit es etwas trocknet. So verringert sich das Volumen fast um die Hälfte, was das Entsorgen viel leichter macht.

➤ Ordentlich in eine Richtung gelegt, lassen sich Äste viel besser stapeln.

Oft stehen Hobbygärtner nach dem Schnitt etwas verzweifelt vor Bergen von Ästen, Zweigen und grünen Stängeln. Mit ein paar Tricks werden Sie auch mit großen Mengen Schnittgut fertig.

SPARTIPP

>> schnell und einfach

Preiswert häckseln

➤ In vielen Baumärkten und Gartencentern kann man Häcksler ausleihen. Fragen Sie schon im Winter nach Angeboten.

➤ Tun Sie sich mit Nachbarn zusammen, damit sich die Anschaffung eines Häckslers lohnt. So wird es für jeden billiger und das Gerät wird besser genutzt.

3. Technik
WOHIN MIT DEM SCHNITTGUT?

> Kurze Wege: Stellen Sie den Häcksler in der Nähe des Kompostplatzes auf.

Schnittgut häckseln

Wenn bei Ihnen häufig größere Mengen Schnittgut anfallen, ist die Anschaffung eines leistungsstarken Häckslers sinnvoll. So können Sie Äste und Zweige mühelos und schnell zerkleinern. Kaufen Sie auf keinen Fall einen Häcksler, der zu schwach ist. Wählen Sie für Äste bis 3,5 cm Dicke einen Häcksler mit 2200 Watt oder für Äste bis 4 cm Durchmesser ein Gerät mit 2500 Watt. So bekommen Sie Ihr gesamtes Schnittgut – außer die ganz dicken Äste – klein. Das zerschredderte Astwerk ist wertvolles Mulchmaterial, das Sie zur Bodenabdeckung im Frühjahr oder Herbst nutzen können. Außerdem können Sie es auf den Kompost geben, da sich das gehäckselte Material schnell zersetzt. Zerschreddern Sie aber nur frisch geschnittenes oder kurz gelagertes Material, denn trockene, harte Äste machen schnell die Messer kaputt.

Schnittgut lagern und abholen lassen

In vielen Gemeinden wird im Sommer/Spätsommer ein Abholdienst für Schnittgut angeboten. Lagern Sie große Äste und Zweige vom Frühjahrs- und Sommerschnitt bis dahin an einem trockenen Ort. Oft kann man das Schnittgut auch selbst zu einer Sammelstelle bringen, wo es zerkleinert und kompostiert wird. Erkundigen Sie sich bei der Abfallberatung. Lassen Sie das Schnittgut ein wenig trocknen, bevor Sie es für den Transport verpacken. Wenn Sie einige längere Äste zurückbehalten, können Sie damit einen Wigwam für die Kinder bauen (→ Seite 18). ■

PRAXISINFO

Platz für Igel & Co.

Mit einer so genannten Benjeshecke können Sie mit dem Schnittgut etwas für die Tiere im Garten tun:

✗ Schichten Sie Strauchruten und dicke Äste in einer Reihe übereinander; es reicht ein 70 cm breiter und maximal 80 cm hoher Streifen am Zaun entlang.

✗ Bald werden sich neben Igeln auch Zaunkönig und Amsel einfinden.

✗ Nach ein paar Jahren häckseln Sie im Herbst nach der Brutzeit die morschen Äste und legen eine neue Hecke an.

>> Kinder-Spezial

Aus Zweigen ein Wigwam bauen

Wenn beim Schnitt der Sträucher schöne, lange Zweige übrig bleiben, könnt ihr einen Wigwam bauen. Am besten wählt ihr schon beim Schnitt einige lange, kräftige Äste aus. Schneidet – aber nur zusammen mit euren Eltern – die vielen kleinen Seitenäste ab. Dann stellt ihr fünf bis sieben Stangen so auf, dass sie ein kleines Zelt bilden, und bindet sie oben zusammen. Drückt die Stangen anschließend etwas in den Boden, damit der Wigwam stabiler steht. Um dieses Gerüst steckt ihr weitere Stangen in den Boden und bindet sie ebenfalls oben zusammen. Lasst eine Lücke für den Eingang frei.

Damit der Wigwam nicht so kahl bleibt, wird er bepflanzt. Verteilt die Rankpflanzen gleichmäßig um den Wigwam. Nehmt die Blumen aus den Töpfen, pflanzt sie ein und gießt sie an. Bindet die Ranken an den Stangen fest.

Zusätzlich könnt ihr noch Sommerblumen aussäen: Stellt die Jiffy-Pots in die Aussaatkiste, gebt Wasser zu und lasst sie quellen. Legt je zwei Samen in ein Töpfchen, streut etwas Erde darüber und gießt an. Mit geschlossenem Deckel lasst ihr die Samen auf der Fensterbank keimen. Größere Keimlinge setzt ihr nach ein paar Wochen in Töpfe. Ab Mitte Mai pflanzt ihr die Blumen rund um den Wigwam herum ein.

PRAXISINFO

Ein Versteck aus Zweigen

🕒 **Zeitbedarf:**
Ca. 1,5 Stunden zum Schneiden der Äste, Aufbauen und Bepflanzen, ca. 30 Minuten zum Aussäen

Material:
- 10–20 dickere, leicht gebogene Äste von Sträuchern, etwa 2–3 m lang
- Fünf bis sieben schnell wachsende Rankpflanzen, z. B. Wein oder Pfeifenwinde
- Ein bis zwei Samentüten von rankenden Sommerblumen
- Gartenschnur oder dicke Kordelschnur
- Aussaatkasten mit Deckel, z. B. ein Mini-Gewächshaus aus dem Gartenfachhandel.
- ein kleiner Sack Blumenerde
- ca. 30 Jiffy-Pots (Torfquelltöpfchen)
- kleine Gießkanne mit Brause

Werkzeug:
- Gartenschere
- eventuell kleine Baumsäge
- Spaten

18

Gemeinsam geht's leichter

Wenn es draußen noch kühl ist, beginnt der Bau des Wigwams. Die Äste werden im Kreis in den Boden gesteckt. Am besten macht ihr das mit Freunden.

1

Gut festdrücken

Damit euer Wigwam den ganzen Sommer über stabil stehen bleibt, müsst ihr die Äste gut im Boden festdrücken.

Platz für alle

3

Der Wigwam sollte einen Durchmesser von 2,5 m haben, damit auch alle Freunde und sogar die Katze noch Platz finden.

Blütensträucher & Kletterpflanzen

So vielfältig Blütensträucher sind, so zahlreich sind die Möglichkeiten, sie zu schneiden. Wenn Sie Ihre Sträucher nach der Blütezeit in zwei Gruppen einteilen, ist es leicht, den richtigen Schnitt zu wählen.

Entscheidend für den Schnitt sind die Blütezeit, das Alter der Zweige, an denen die Blüten stehen – das können die diesjährigen, aber auch zwei oder drei Jahre alte Zweige sein –, und die Wuchsform. Man kann Sträucher in zwei Gruppen einteilen: Sträucher, die im Frühjahr und Frühsommer an diesjährigen oder älteren Trieben blühen, und solche, die ab Hochsommer und Herbst meist an den diesjährigen Trieben blühen.

Blüte im Frühjahr und Frühsommer

Zu dieser Gruppe gehören Sträucher wie das Mandelbäumchen, das im Frühjahr an den letztjährigen Trieben blüht, und Sträucher wie Forsythien, die an zwei oder drei Jahre alten Trieben Blüten tragen. Sie werden alle nach der Blüte geschnitten. Würde man sie im Spätwinter vor der Blüte schneiden, würde man die Zweige mit den Blütenknospen entfernen. Außerdem haben sie so Zeit, bis zum nächsten Frühjahr neue Triebe zu bilden.

➤ Das Mandelbäumchen verträgt jährlich einen Horstschnitt, d. h., Sie müssen alle Triebe auf 10–20 cm über dem Boden bzw. bei Hochstämmchen auf 10 cm über der Verzweigungsstelle zurückschneiden. Einen solch drastischen Schnitt vertragen nur Sträucher, die von unten oder aus dem Stämmchen neue Triebe bilden. **Ähnlich zu schneiden sind:** Hängekätzchen- und Salweide.

➤ Andere Frühjahrsblüher wie Forsythien oder im Frühsommer blühende wie die Kolkwitzie bekommen alle ein bis zwei Jahre einen Auslichtungsschnitt (→ Seite 8) nach der Blüte. Schneiden Sie zwei- oder dreijährige Äste, die gerade geblüht haben, knapp über dem Boden ab, damit der Strauch nicht zu dicht wird. Ältere Äste erkennt man auch an den kleinen Seitentrieben, die bei den einjährigen Zweigen noch fehlen. Diese einjährigen bleiben stehen und blühen im folgenden Jahr. Bei jungen Sträuchern entfernen Sie nur wenige, bei älteren ein Drittel bis die Hälfte der Triebe. **Ähnlich zu schneiden sind:** frühblühende, hohe Spireen, Deutzie, Ranunkelstrauch

> Mandelbäumchen vertragen nach der Blüte einen starken Horstschnitt.

4. Schneiden
BLÜTENSTRÄUCHER & KLETTERPFLANZEN

1 Potentilla & Co.: Horstschnitt

Ziersträucher, die fächerförmig wachsen, zum Beispiel Forsythie, Weigelie, Hartriegel oder Potentilla, bilden aus dem Wurzelstock oder aus einem Stämmchen heraus immer wieder neue Triebe. Sträucher mit dieser Wuchsform vertragen alle paar Jahre einen kräftigen Rückschnitt, auch Horstschnitt genannt (Seite 9).

2 Flieder & Co.: Blütenschnitt

Ihrem Flieder, den prächtig blühenden Hortensien und dem Sommerflieder tut es gut, wenn Sie die verwelkten Blütenstände entfernen. Knipsen Sie sie kurz über den neu angelegten Knospen ab. Beim Flieder und Sommerflieder am besten direkt nach der Blüte und bei den Hortensien Ende März schneiden.

und Weigelie. Alle fünf bis zehn Jahre vertragen Forsythien und Spireen einen Horstschnitt.

Blüte im Spätsommer und Herbst

Bei im Spätsommer und Herbst blühenden Sträuchern entstehen die Blüten an den diesjährigen Trieben. Schneiden Sie sie im frühen Frühjahr zwischen Ende Februar und März, sobald kein strenger Frost mehr droht, so dass sie genug Zeit haben, junge Zweige mit Blütenknospen zu bilden. Schneidet man im Spätsommer oder Herbst nach der Blüte, würden die neu austreibenden Zweige durch den Frost im Winter geschädigt.
Zu dieser Gruppe gehört zum Beispiel der beliebte Schmetterlingsstrauch. Entfernen Sie abgestorbene und sehr dünne, schwache Triebe. Da der Strauch frostempfindlich ist, sollten Sie die verbliebenen Triebe etwas später, wenn die Blattknospen aufgehen, um die Hälfte bis zwei Drittel zurückschneiden (→ Seite 8).
Ähnlich zu schneiden sind: Bartblume und Hibiskus. Die Polsterspiree verträgt – wie Potentilla, Johannis- und Heiligenkraut – einen Horstschnitt (→ Zeichnung 1).
Bei weniger stark wuchernden Sträuchern wie zum Beispiel Holunder entfernen Sie nur zu dicht stehende oder kranke Triebe (→ Seite 8).
Ähnlich zu schneiden sind: Liebesperlenstrauch, Feuerdorn sowie der Schneeball. Beim Flieder entfernt man außerdem im Winter die Ausläufer (→ Seite 22) und im Sommer die Wasserschosser an den Zweigen. Nach der Blüte schneiden Sie die ver-

blühten Blütenstände ab (→ Zeichnung 2, S. 21). Unabhängig davon gilt für alle Sträucher: Tote, kranke oder abgeknickte Triebe dürfen Sie jederzeit entfernen, damit keine Krankheitserreger in die Pflanze eindringen. Übrigens: Haben Sie einmal zur falschen Zeit geschnitten, entfalten die Sträucher trotzdem nach ein oder zwei Jahren wieder ihre Blütenpracht.

> Das wohlriechende Geißblatt muss man nur ab und zu etwas auslichten.

Die Ausnahmen

Bei der Einteilung der Sträucher nach der Blütezeit gibt es natürlich auch Ausnahmen. Vor allem werden längst nicht alle Pflanzen einer Gattung auf die gleiche Art und Weise geschnitten. Ein gutes Beispiel sind die Hortensien. Sie werden zwar alle im Frühjahr zurückgeschnitten, aber damit haben die Gemeinsamkeiten schon ein Ende.

Bauern- oder Gartenhortensien: Vor dem Austrieb im Frühjahr schneidet man die alten Blütenstände zurück (→ Zeichnung 1).

Schneeballhortensie: Schneiden Sie alle Triebe gleichmäßig bis auf etwa 20 cm Höhe zurück.

Rispenhortensie: Soll der Strauch wachsen, werden die Triebe vom Vorjahr um etwa 20 cm gekürzt. Diese Hortensien vertragen aber auch einen stärkeren Schnitt (→ Zeichnung 2).

Samthortensie: Sie schneidet man am besten erst nach den Eisheiligen, indem man die alten Blütenstände kurz oberhalb des nächsten Knospenpaares entfernt.

Ausläufer entfernen

Einige Ziersträucher neigen dazu, aus den Wurzeln heraus Ausläufer zu bilden, vor allem wenn das Nährstoffangebot reichlich ist oder man den Strauch allzu sehr zurückgeschnitten hat. Die Folge: Neben der Mutterpflanze breiten sich immer mehr Tochterpflanzen aus. Greifen Sie rechtzeitig ein, damit sich die Sträucher nicht zu sehr ausbreiten.

➤ Schneiden Sie alle ein bis zwei Jahre im Spätwinter die Ausläufer bodennah ab. Besser ist es, wenn Sie die Ausläufer ganz ausgraben.

➤ Ausläufer bilden vor allem Flieder, Haselnuss, Heckenrosen, Spireen und Ranunkelstrauch.

Clematis & Co.

Alle Kletterpflanzen blühen zwar auch ohne Schnitt, doch ab und zu ein Auslichtungsschnitt verhindert, dass sie von innen heraus kahl werden und immer weniger Blüten bilden.

Meist genügt es, wenn Sie im Frühjahr alte, abgestorbene, kranke oder dürre Zweige herausnehmen, indem Sie sie in kleine Stücke schneiden und herausziehen. Schneiden Sie immer bis auf einen jungen, gesunden Zweig zurück. Einige Kletterpflanzen vertragen aber auch einen kräftigen Rückschnitt.

Clematis: Vergessen Sie bei allen Clematis-Arten und -Sorten nicht den Erzie-

4. Schneiden
BLÜTENSTRÄUCHER & KLETTERPFLANZEN

1. Bauernhortensie
Damit die im Spätsommer gebildeten Blütenknospen erhalten bleiben, schneidet man im Frühjahr nur die welken Blütenstände des Vorjahres ab.

2. Rispenhortensie
Bei Rispenhortensien schneidet man im Frühjahr die Triebe des Vorjahrs bis ins alte Holz zurück. So bilden sie im Sommer große Blütenrispen.

3. Clematis
Alle fünf bis zehn Jahre ein starker Rückschnitt auf 50 cm im zeitigen Frühjahr: So werden sehr alte Clematis verjüngt und die Blüte gefördert.

hungsschnitt (→ Seite 39). Er führt zu einem dichteren Wuchs.

➤ Wenn Clematis zu mächtig werden, blühen sie kaum noch. Unabhängig von der Blütezeit tut dann allen Clematis-Sorten ein starker Rückschnitt im März/April gut (→ Zeichnung 3), damit sie wieder reicher blühen.

➤ Clematis-Sorten, die im April/Mai blühen, lichten Sie nur aus und schneiden sie nicht weiter zurück.

➤ Clematis-Sorten, die im Frühsommer blühen (Mai/Juni), kürzt man nach der Blüte um etwa 20 cm ein.

➤ Clematis-Hybriden – sie blühen im Sommer und Herbst – kann man jährlich im Herbst auf 30–50 cm zurückschneiden.

Blauregen (Glyzine): Glyzinen blühen an den Seitentrieben; schneidet man diese im Sommer nach der Blüte zurück, werden zahlreiche neue Blütenknospen gebildet.

➤ Die junge Pflanze lassen Sie am Spalier oder Pfosten klettern. Kürzen Sie nur die unteren Seitentriebe, die am Pfosten wachsen, ganz ein.

➤ Bei älteren Pflanzen schneiden Sie ebenfalls die unteren Seitentriebe direkt am Stamm ab, die Seitentriebe, die oben an der Pergola ranken, kürzen Sie um ca. zwei Drittel ein.

Achtung: Tragen Sie Handschuhe, die Pflanze ist giftig!

Kletterhortensie: Regelmäßig im Frühjahr abgestorbene Zweige entfernen.

Schlingknöterich: Er verträgt jederzeit einen starken Rückschnitt.

Waldgeißblatt: Geißblatt (auch Jelängerjelieber oder Lonicera genannt) müssen Sie nur ganz selten schneiden. Es reicht, wenn Sie es alle vier bis fünf Jahre im Frühjahr auslichten, indem Sie abgestorbene Triebe am Boden abschneiden und dünne und ältere Triebe bis zum nächstliegenden neuen Trieb einkürzen. Wenn die Pflanze zu alt und zu groß wird, können Sie sie verjüngen, indem Sie alle Äste im Frühjahr auf 40–50 cm einkürzen.

Rosen

Rosen reagieren auf einen Schnitt besonders stark. Richtig geschnitten, entwickeln sie sich prächtig und blühen reich.

Die gängigen Rosensorten blühen meist öfter während eines Sommers. Sie brauchen einen regelmäßigen Schnitt, um mehr Blüten zu bilden. Einmal blühende Sorten schneidet man nur ab und zu, da sie an den im Vorjahr gebildeten Trieben blühen. Werden sie zu groß, lichtet man nach der Blüte nur etwas aus.

Der richtige Zeitpunkt

Die wichtigste Zeit für den Rosenschnitt ist das Frühjahr: Jetzt erledigt man größere Schnittarbeiten wie das Auslichten und den Rückschnitt. Im Sommer schneidet man nur Wildtriebe (→ Seite 36) und verblühte Blüten (→ Zeichnung Seite 25) aus. Aber auch wenn Sie einmal zur falschen Zeit schneiden, ist nicht alles verloren: Spätestens im Jahr darauf entfalten die Rosenstöcke wieder ihre gewohnte Blütenpracht.

Die richtige Technik

Schneiden Sie immer leicht schräg etwa 5–10 mm über einer nach außen zeigenden Knospe oder einem schlafenden Auge, damit der neue Trieb nach außen wächst. Die Blattknospen bzw. Augen sind bei Rosen an ihrer roten Farbe sehr leicht zu erkennen.

Der richtige Schnitt

Die vielen verschiedenen Rosen-Arten und -Sorten werden nach ihrer Wuchsform in Gruppen eingeteilt.

1 Beetrosen
Im Frühjahr entfernt man abgestorbene Zweige und Aststummel ganz; die verbliebenen Triebe werden auf ca. 20 cm zurückgeschnitten.

2 Strauchrosen
Am wichtigsten bei Strauchrosen: das Auslichten. Schneiden Sie alte, stark verholzte Triebe heraus. Jüngere Triebe kürzt man um ein Drittel.

3 Kletterrosen
Lange Triebe führt man mit ausreichend Abstand am Klettergerüst entlang. Quer wachsende und dünne Langtriebe werden regelmäßig entfernt.

4. Schneiden
ROSEN

› Welke Blüten schneidet man über dem nächsten fünfzähligen Blatt ab.

Der **Auslichtungsschnitt** ist bei allen Rosen nötig und bei allen in etwa gleich:
› Entfernen Sie zunächst alle abgestorbenen oder kranken Triebe an der nächstliegenden Verzweigungsstelle.
› Entfernen Sie alle Zweige, die über Kreuz wachsen.
Der **Rückschnitt** ist bei den einzelnen Rosen-Gruppen dagegen verschieden:
Beetrosen: Beetrosen gehören zu den häufigsten Gartenrosen. Sie wachsen buschig und werden 40–100 cm hoch. Im Vergleich zu allen anderen Rosengruppen werden sie am stärksten zurückgeschnitten, weil sie vor allem an den jungen Trieben reichlich blühen.

› Schneiden Sie nach dem Auslichten alle Triebe auf etwa 15–20 cm über dem Boden zurück (→ Zeichnung 1).
› Während der Blütezeit ist es wichtig, dass Sie welke Blüten regelmäßig herausschneiden (→ Zeichnung links).
Strauchrosen: Strauchrosen werden zwei bis drei Meter hoch. Regelmäßig geschnitten werden nur die öfter blühenden Sorten, da sie an den neuen, diesjährigen Trieben blühen.
› Kürzen Sie nach dem Auslichten die Triebe um ca. ein Drittel ihrer Länge ein.
› Lassen Sie die Triebe in der Mitte des Strauchs etwas länger, damit die schöne, leicht runde Form der Strauchrose erhalten bleibt.
Kletterrosen: Bei den Kletterrosen unterscheidet man zwei Gruppen:
› Rambler haben kleine Blüten und lange, biegsame Triebe. Sie blühen meistens nur einmal an den vorjährigen Trieben und brauchen fast keinen Schnitt. Man schneidet lediglich quer wachsende, zu lang gewordene oder zu alte Triebe nach der Blüte ab.
› Climber haben steife, starke Triebe mit großen Blüten. Einmal blühende Climber blühen an den vorjährigen Trieben. Sie werden nicht im Frühjahr, sondern erst nach der Blüte zurückgeschnitten, indem man die Seitenzweige um die Hälfte kürzt. Hier bilden sich neue Triebe, die im nächsten Jahr blühen. Öfter blühende Climber blühen an den neuen Trieben. Sie werden deshalb im Frühjahr geschnitten, indem man die Seitentriebe auf zwei bis vier Augen zurückschneidet. ■

CHECKLISTE
Rosenschnitt auf einen Blick
✔ Verwenden Sie eine scharfe Gartenschere, damit die Triebe nicht gequetscht werden.
✔ Schneiden Sie knapp über einer Knospe oder einem schlafenden Auge.
✔ Entfernen Sie verholzte, tote und quer wachsende Triebe.
✔ Erhalten Sie beim Schnitt die Wuchsform der Rose (Strauch, Busch).
✔ Binden Sie bei Kletterrosen die langen Triebe am Klettergerüst an.
✔ Einmal blühende Rosen brauchen keinen regelmäßigen Schnitt.

Hecken

Erst der Schnitt macht eine Hecke zur grünen Wand, die Ihren Garten schützt, Privatsphäre schafft und als ruhiger Hintergrund für Blumen und Sträucher dient.

Die meisten Hecken bestehen nur aus einer Gehölzart. Zu den häufigsten gehören Liguster, Berberitze, Thuja oder die Hainbuche. Aber es gibt auch Hecken aus locker gesetzten Blütensträuchern wie Spireen oder Heckenrosen, die mit der Zeit immer dichter werden. Sie werden nicht geschnitten. Erst wenn sich ihre Ausläufer zu weit ausbreiten oder Zweige in den Gehweg ragen, schneidet man störende Äste an der Basis ab und sticht Ausläufer mit dem Spaten ab.

Alle anderen Hecken brauchen dagegen einen regelmäßigen Schnitt.

Gewusst wie: perfekter Heckenschnitt

In den ersten Jahren sowie bei kleinen Hecken reicht eine gute Handheckenschere mit scharfen Klingen völlig aus.
➤ Damit die Schnittkante gerade und nicht wellig wird, stecken Sie an den Enden der Hecke je eine Holzlatte in den Boden und spannen eine Schnur dazwischen. Prüfen Sie mit der Wasserwaage, ob die Schnur gerade ist.
➤ Öffnen und schließen Sie die Scherblätter in gleichmäßigem Rhythmus, und halten Sie die Schere immer parallel zur Schnittkante.

Ältere, über 1 m hohe Hecken schneidet man besser mit der elektrischen Heckenschere.

Schnittformen

Ob Sie Ihre Hecke in Kasten-, Trapez- oder Bogenform schneiden, ist ganz von Ihrem Geschmack abhängig. Laubhecken steht die runde Form etwas besser, weil ihre Zweige nicht geometrisch wachsen. Die eleganten, nach oben strebenden Astwedel von Thuja und Wacholder passen

> **TIPP** >> schnell und einfach
> **Sicherheit**
> ➤ Hängen Sie das Kabel elektrischer Heckenscheren immer über die Schulter, damit Sie es nicht durchschneiden und einen Stromschlag bekommen.
> ➤ Verwenden Sie nur Geräte mit einer speziellen Sicherung. Sie schützt Sie vor einem Stromschlag.

Für den Schnitt hoher Hecken ist eine stabile Leiter unentbehrlich.

4. Schneiden
HECKEN

dagegen gut zu einer etwas strengeren Schnittform. Am besten bauen Sie sich für einen solchen Formschnitt Schablonen aus Holzlatten (für Trapez und Kasten) oder aus Pappe (für den Bogen), die Sie über der Hecke aufstellen oder daraufsetzen, um die Form beim Schneiden immer wieder zu überprüfen. Wichtig: Unten muss die Hecke immer etwas breiter sein als oben. Nur so bekommen auch die unteren Zweige genug Licht. Versäumt man dies, werden sie kahl.

Junge Hecken
In den ersten Jahren ist der Rückschnitt bei Hecken besonders wichtig, denn durch ihn werden die Pflanzen angeregt, sich zu verzweigen, und die Hecke wird dicht und buschig (→ Seite 38).
Bei jungen oder niedrigen Hecken schneidet man zunächst die Oberkante. Anschließend kürzt man dann die Seitenwände.

Ältere Hecken
➤ Beginnen Sie mit den Seiten der Hecke, schneiden Sie von unten nach oben und lassen Sie den unteren Teil breiter als den oberen.

> *Hecken sind eine schöne, wohltuende Kulisse für bunte Staudenbeete.*

➤ Für die Oberkante brauchen Sie, je nach Höhe der Hecke, eine Leiter mit einem Laufsteg, auf dem Sie beim Schneiden sicher stehen.
➤ Vergessen Sie nicht, auch in der Hecke liegendes Schnittgut zu entfernen.
➤ Hecken aus Nadelgehölzen, die lange nicht geschnitten wurden, harzen sehr: Wischen Sie die Scheren zwischendurch mit Brennspiritus ab, und ölen Sie sie ein (Stecker vorher ziehen!). ■

PRAXISINFO

Zeit für den Heckenschnitt

Schneiden Sie Ihre Hecken an einem feuchtwarmen, bedeckten Tag.

✗ **Buchsbaum:** je einmal im Frühjahr, Sommer, Herbst
✗ **Berberitze:** Sommer
✗ **Eibe:** Sommer, Herbst
✗ **Hainbuche:** Spätsommer
✗ **Liguster:** Frühling und Spätsommer
✗ **Thuja:** Frühling und Spätsommer
✗ **Wacholder:** Frühsommer
✗ **Zypresse:** Frühling und Spätsommer

Obstbäume und Beerensträucher

Wenn Sie Ihre Obstbäume und Beerensträucher richtig schneiden, können Sie reichlich ernten.
Wenn Sie viele Obstbäume im Garten haben, lohnt es sich, einen Schnittkurs zu besuchen. Solche Kurse werden von Volkshochschulen und

> *Obstbäume lichtet man nur aus. Den Rückschnitt erledigt der Fachmann.*

Gartenbauvereinen günstig angeboten.
Besitzen Sie nur einzelne Obstbäume, kommen Sie mit ein paar Grundregeln für den Auslichtungsschnitt zurecht.

Obstbäume

Vor allem Apfel- und Birnbäume brauchen einen regelmäßigen Schnitt. Pflaumen, Kirschen und Mirabellen dagegen schneidet man nur selten. Je nach Alter eines Obstbaums verfolgt man mit dem Schnitt ein anderes Ziel:
➤ In der Jugendphase wächst er schnell in die Höhe und Breite; die Triebe stehen senkrecht nach oben und bilden lange Internodien (→ Praxisinfo Seite 7). Der Baum hat viel mehr Blätter als Blüten – ein Erziehungsschnitt fördert den Aufbau einer lichten Krone (→ Seite 38/39).
➤ Bei erwachsenen Bäumen wachsen die Seitentriebe immer mehr waagrecht, die Internodien der Seitentriebe werden kürzer: An diesen »Kurztrieben« bildet der Baum viele Blüten und trägt reichlich Früchte. Jetzt fördert ein Schnitt die Blüten- und Fruchtbildung.
➤ In der Altersphase wird der Wuchs immer lichter und der Baum trägt schließlich nur noch wenige, kleine Früchte. In dieser Phase fördert ein Auslichtungsschnitt die Gesundheit des Obstbaums.

Schnittzeit und -technik

Die beste Jahreszeit für den Obstbaumschnitt ist der Spätwinter, also die Monate Januar und Februar.
➤ Äste, egal wie dick sie sind, sägt man immer an der Stelle ab, an der sie entspringen. Bei allen Ästen sägt man direkt am Stamm (→ Seite 14). Keine Aststummel stehenlassen!
➤ Fördern Sie waagrecht stehende Äste, indem Sie senkrechte Triebe bis zu der Stelle, an der ein waagrechter Ast abzweigt, zurückschneiden oder einen Ast waagrecht binden. Der Ast wächst dann weniger an der Spitze, die Knospen auf seiner Oberseite werden gefördert und er trägt mehr Früchte.
➤ Fördern Sie einen möglichst großen Abstand zwischen den waagrechten Seitentrieben, indem Sie zu dicht übereinander wachsende herausnehmen.
➤ Die Spitzen der Äste, die stehen bleiben sollen, dürfen nicht abgeschnitten werden,

4. Schneiden
OBSTBÄUME UND BEERENSTRÄUCHER

1 Himbeeren

Nach der Ernte schneidet man die abgetragenen Fruchtruten dicht über dem Boden ab. Fruchtruten sind verzweigt, die jungen Ruten nicht.

2 Johannisbeeren

Die Triebe tragen vier bis fünf Jahre. Schneiden Sie deshalb ältere Triebe nach der Ernte heraus, und lassen Sie fünf bis sieben jüngere Triebe stehen.

3 Brombeeren

Bei Brombeeren entfernt man die alten Fruchttriebe und bindet die jungen – Jahr für Jahr abwechselnd – auf die rechte oder linke Seite.

weil sich sonst Quirle bilden können (→ Seite 7).

➤ Beim Auslichtungsschnitt schneiden Sie zuerst die senkrecht nach oben wachsenden Wasserschosser ab (→ Seite 7); dann entfernen Sie Äste, die tot sind, nach innen wachsen oder sich überkreuzen.

➤ Wenn Sie stark verwachsene, alte Obstbäume besitzen, sollten Sie den Rückschnitt besser einem erfahrenen Fachmann überlassen.

Beerensträucher

Beerensträucher schneidet man im Frühjahr oder nach der Ernte im Herbst.

➤ **Stachelbeeren** lichtet man kräftig aus. Schneiden Sie alle Triebe, die ineinander wachsen, sowie alte Triebe, ganz unten an der Basis ab. Die Sträucher treiben dann wieder reichlich aus. Tragen Sie bei der Arbeit Handschuhe!

➤ Die diesjährigen Triebe der **Himbeeren** verzweigen sich im nächsten Frühjahr und tragen an diesen Seitentrieben Früchte. Danach sterben sie ab. Schneiden Sie deshalb alle verzweigten Ruten nach der Ernte am Boden ab. Unverzweigte Jungtriebe binden Sie an waagrecht gespannten Schnüren fest. Tragen Ihre Himbeeren im Herbst nochmals Früchte, schneiden Sie die alten Fruchtruten erst im Spätwinter ab.

➤ Bei **Johannisbeeren** lässt man fünf bis sieben Triebe mit ihren Verzweigungen stehen, den Rest nehmen Sie heraus (→ Zeichnung 2).

➤ Bei **Brombeeren** schneiden Sie nach der Ernte alle Triebe, die Früchte getragen haben, am Boden ab. Binden Sie maximal sechs junge Triebe nach rechts oder links an einem Spalier oder an Drähten fest (→ Zeichnung 3). Sie tragen im nächsten Jahr Früchte. Im Sommer kürzen Sie die Seitenzweige auf zwei bis drei Blätter ein. Nach der Ernte Fruchttriebe wieder bodennah abschneiden und Jungtriebe auf der anderen Seite festbinden. Abgeschnittene Brombeerruten trocknen lassen, sonst treiben sie auf dem Kompost Wurzeln! ■

Kübel- und Balkonpflanzen

Mit nur wenigen gezielten Schnitten können Sie Ihre Kübel- und Balkonpflanzen nicht nur zu reicherer Blüte anregen, sondern sogar die Blütezeit um einige Wochen verlängern.

Die üppigere Blüte ist nur ein Punkt, der dafür spricht, auch bei Kübel- und Balkonpflanzen ab und zu zur Schere zu greifen. Ein weiterer ist der Platz: Denn während Gartenpflanzen viel Raum haben und auch einmal ohne Schnitt auskommen, müssen die meisten Balkon- und Kübelpflanzen mit dem Platz im Topf oder Kübel zurechtkommen. Und für die Kübelpflanzen, die im Haus überwintern, ist der jährliche Schnitt lebenswichtig, damit sie wieder stark austreiben.

Die Blüte anregen

➤ Bei Balkonpflanzen, wie z. B. Petunien, Geranien, Margeriten oder Wandelröschen, knipst man am besten alle ein bis zwei Wochen die verwelkten Blüten und Blätter samt Stiel an der nächsten Verzweigungsstelle ab.

➤ Nehmen Sie dafür ein scharfes Küchenmesser oder eine Gartenschere. Bei Geranien kann man die Blütenstiele auch mit der Hand abbrechen (→ Seite 36).

➤ Bei Petunien ist ein kleines Messer praktischer, weil sie ein bisschen kleben.

➤ Fuchsien werfen ihre Blütenblätter von allein ab – bei ihnen knipst man also statt der Blüten alle zwei bis drei Wochen die Früchte zusammen mit dem Stiel ab.

Überwinterer schneiden

Einige beliebte Balkonpflanzen, wie z. B. Geranien oder Fuchsien, müssen Sie gegen Ende der Balkonzeit nicht wegwerfen. Sie sind sehr robust und mit ein bisschen Fingerspitzengefühl lassen sie sich wie die Kübelpflanzen ohne weiteres in einem kuhlen Raum überwintern. Pflanzen, die Sie im Haus oder Keller überwintern wollen, müssen Sie jetzt noch nicht schneiden. Warten Sie damit bis zum frühen Frühjahr. Geben Sie den Pflanzen genug Platz in einem kühlen, hellen Raum (5–10 °C) und stellen Sie sie so, dass die Blätter sich nicht berühren. Entfernen Sie während der Wintermonate regelmäßig alle herabgefallenen Blätter. Erst im Frühjahr schneidet man Geranien, Fuchsien und Margeriten kräftig zurück.

➤ Schneiden Sie dabei die Triebe bis zu zwei Drittel

➤ *Mit ihren hübschen Blüten setzen Kübelpflanzen überall bunte Akzente.*

4. Schneiden
KÜBEL- UND BALKONPFLANZEN

> So ein aparter Blütengruß auf dem Balkon bleibt länger erhalten, wenn man welke Blüten und Blätter regelmäßig entfernt.

SPARTIPP

>>schnell und einfach

Stecklinge ziehen

Aus Schnittresten können Sie leicht Stecklinge ziehen.

▸ Mit einem scharfen Küchenmesser 6–8 cm lange Triebspitzen unterhalb eines Blattknotens abschneiden. Entfernen Sie die zwei untersten Blattpaare.

▸ Stecken Sie sie bis zum ersten Blattpaar in die Erde.

▸ Stellen Sie die Stecklinge an einen warmen, hellen Platz. Häufig sprühen!

▸ Später vereinzeln und die Jungpflanzen zwei- bis dreimal einkürzen.

ihrer Gesamtlänge, und kürzen Sie auch die weißlichen Geiltriebe um zwei Drittel ein. Achten Sie darauf, die natürliche Form der Pflanzen zu erhalten.

▸ Topfen Sie nach dem Rückschnitt gleich um, und düngen Sie Ihre Pflanzen kräftig. An einem helleren, wärmeren Platz treiben sie nun bald aus.

▸ Kürzen Sie nach etwa drei bis vier Wochen die Triebe nochmals um zwei bis drei Blattpaare ein, das fördert den buschigen Wuchs.

▸ Bei einem Zitronenbäumchen reicht ein leichter Rückschnitt: Nehmen Sie sich kreuzende Zweige heraus, und schneiden Sie dann die Pflanze wieder in Form. Außerdem müssen Sie beim Zitronenbäumchen die Triebe nur um ein Drittel der Länge zurückstutzen (→ Seite 49).

▸ Bei Oleander entfernen Sie nur die welken Blütenstände vom Vorjahr (→ Seite 49).

▸ Bei Palmen schneidet man lediglich regelmäßig die trockenen, braunen Blattwedel an der Basis ab.

PRAXISINFO

Fuchsien-Hochstämmchen selber ziehen

Sie brauchen eine junge, nicht verholzte Fuchsie mit längerem Mitteltrieb und wenig Seitentrieben.

✗ Entfernen Sie alle Seitentriebe, und lassen Sie nur den Mitteltrieb mit seinem Blattschopf weiterwachsen, bis er 50–70 cm hoch ist. Binden Sie ihn an einem Stab fest.

✗ Kürzen Sie nun die Zweige des Schopfes ein, damit er buschig wächst.

✗ Nach der Winterruhe kürzen Sie den Schopf wieder ein und knipsen nochmals alle Seitentriebe ab.

Stauden, Kräuter, Bodendecker

Auch Stauden, Kräuter und Bodendecker werden durch einen Schnitt in Form gebracht, treiben kräftig aus und blühen länger.
Mit ein paar Tricks kann man auch diese Pflanzengruppe mit einem Schnitt zu üppigem Wachstum anregen.

im Frühjahr erneut kräftige, frische Triebe aus. Bei all diesen Stauden wirkt ein regelmäßiger Rückschnitt deshalb wie ein Katalysator für die Blütenbildung:

➤ Lassen Sie im Herbst die oberirdischen, abgestorbenen Pflanzenteile noch stehen, und schneiden Sie sie erst im Frühjahr kurz über dem Boden ab. So können die verwelkten Stängel und Blätter den Wurzelstock im Winter vor Frost schützen.

➤ Polsterpflanzen schneidet man nach der Blüte zurück. Dann können sie in den warmen Monaten noch reichlich nachwachsen.

➤ Versorgen Sie Ihre Stauden nach dem Schnitt mit organischem Dünger, und lockern Sie den Boden im Staudenbeet mit einer leichten Hacke auf. Die Nährstoffe geben den Pflanzen einen richtigen Schub für den Neuaustrieb.

➤ Schneiden Sie nach der Blüte alle verblühten Triebe ab. Dadurch wird die Bildung neuer Blütentriebe angeregt und die Blütezeit um einige Wochen verlängert.

Kräuter

Bei Kräutern gibt es zwei Wuchsformen, die man unterschiedlich schneidet.

Verholzende Kräuter: Dazu gehören z. B. Lavendel, Rosmarin und der Gewürz-Salbei. Der untere Teil dieser Pflanzen ist verholzt, der obere, weiche Teil wächst jedes Jahr nach.

➤ Verholzende Kräuter schneiden Sie im Frühjahr mit einer Handheckenschere um etwa ein Drittel zurück. Kürzen Sie dabei hauptsächlich die jungen, weichen Triebe ein – die älteren treiben nicht mehr so gut aus. Lavendel und Rosmarin können Sie jedes Jahr auch nach der Blüte etwas zurückschneiden, damit sie nicht überaltern (→ Zeichnung links).

Weichblättrige Kräuter: Dazu gehören bekannte Küchenkräuter wie z. B. Basilikum, Schnittlauch, Pfefferminze oder Sommer-Salbei. Sie verholzen nicht, sondern treiben jedes Jahr aus dem Wurzelstock neu aus.

➤ Die nicht verholzenden Kräuter können Sie bis zu

➤ Lavendel und Rosmarin schneidet man jedes Jahr um ein Drittel zurück.

Stauden

Die oberirdischen Triebe der Stauden, wie z. B. Rittersporn, Phlox, Astern, Frauenmantel, sterben im Winter ab. Der Wurzelstock jedoch lebt unterirdisch weiter und treibt

4. Schneiden
STAUDEN, KRÄUTER, BODENDECKER

dreimal im Jahr kräftig zurückschneiden, dann wachsen sie besser. Beim Schnittlauch empfiehlt es sich, den Pflanzenstock alle ein bis zwei Jahre zu teilen.

Der Ernteschnitt
Auch bei der Ernte schneidet man die verschiedenen Kräuter etwas unterschiedlich:
➤ Bei Basilikum, Dill, Minze Schnittlauch, Salbei, Thymian und Lavendel schneidet man zur Ernte junge Triebe und Blätter oder nur Blätter ab. Bei Fenchel schneidet man lediglich die Blätter ab. Bei Rosmarin und Estragon nimmt man nur die jungen Triebspitzen.
➤ Bei Petersilie schneidet man die äußeren Blätter ab.

Bodendecker
Bodendecker, wie z. B. Efeu, Cotoneaster oder die hübsche Waldsteinie, müssen nur dann geschnitten werden, wenn sie allzu weit über den Beetrand hinaus oder in Wege hineinwachsen. Meistens reicht für den Schnitt eine Handheckenschere, bei dickeren Ästen greifen Sie besser zur Astschere.
➤ Schneiden Sie Bodendecker direkt über dem Boden

> Schneidet man im Frühjahr die welken Pflanzenteile vom Vorjahr ab, treiben die Stauden kräftig aus und blühen üppig.

ab – gerade bei Efeu bleiben sonst allzu viele verholzte, etwas kahl werdende Triebe stehen. Schneiden Sie besser dicht über dem Boden, so dass junge Triebe wieder kräftig austreiben und nachwachsen können.
➤ Halten Sie die Schere am Beetrand um 90° gedreht und führen Sie sie mit gleichmäßigen Bewegungen an der Beetkante entlang.
➤ Der beste Schnitttermin ist der Sommer.

Gräser
Wie bei den Stauden lässt man auch bei Ziergräsern die abgestorbenen Teile über den Winter als Schutz für die Pflanze stehen und schneidet erst im Frühjahr die welken Halme heraus. Schneiden Sie aber nicht zu dicht über der Erde, denn oft ragen schon 5–8 cm lange junge Triebe aus dem Boden heraus. ■

PRAXISINFO

Blütezeit verlängern
Einige Stauden blühen ein zweites Mal nach, wenn Sie
✗ die verblühten Stängel regelmäßig ausschneiden: Flammenblume, Gewürz-Salbei, Kokardenblume, Lupine, Mädchenauge, Ochsenauge, Schafgarbe, Sonnenhut.
✗ alle Triebe stark zurückschneiden: Flockenblume, Rittersporn, Sommer-Salbei.

>> Deko-Spezial

Pflanzenkunst mit Topiary

Warum nicht im Garten kleine Kunstwerke schaffen? Mit hübsch geformten Bäumchen können Sie wohltuende Akzente setzen.

Die zu Kugeln, Pyramiden oder Spiralen geschnittenen Bäumchen aus immergrünem Buchs, Liguster oder Eibe sind in jedem Garten ein echter Renner. Mit Kugeln aus Ton oder Terrakotta-Töpfen kombiniert, können Sie schnell ein kleines Kunstwerk komponieren.

Damit der Schnitt gelingt, verwenden Sie am besten entsprechend geformte Drahtgerüste (→ Anhang, Seite 61), die Sie überstülpen und als Schablone benützen können. Schneiden Sie zweimal im Jahr nach, und zwar im Mai und dann noch einmal im August. Damit die Schnittstellen nicht austrocknen und braun werden, schneidet man nur bei bedecktem Wetter. Wählen Sie für den Anfang eine einfache Form. Später können Sie sich dann immer noch an kunstvollere und schwierigere Objekte wagen. Gut geeignet ist eine Spirale.

Dazu sollten Sie ein Buchsbäumchen in der Form eines Kegels kaufen. Legen Sie ein breites Geschenkband spiralförmig von unten nach oben bis zur Spitze. Schneiden Sie die Vertiefungen der künftigen Spirale vorsichtig am Band entlang aus. Geben Sie den breiteren Spiralen unten am Bäumchen eine gewölbte Oberfläche, so wirkt die Form plastischer. Arbeiten Sie langsam und in kleinen Schritten, um Fehlschnitte zu vermeiden. Das Band entfernen Sie nach zwei bis drei Jahren.

Wegbegleiter: Hintereinander stehende Formbäumchen oder niedrige Buchsbaumhecken unterstreichen kunstvoll die Linien von Wegen oder Beeteinfassungen.

Topiary für Fortgeschrittene: Ob lustige Tierfigur oder kompakte Kugel – im lichten Halbschatten gedeihen Topiaries aus Buchs, Eibe oder Liguster am besten.

Blickfang im Kübel: Setzen Sie die kleinen Kunstwerke gezielt ein. Am Hauseingang oder in lauschigen Ecken im Garten bleibt der Blick gern an Spiral-Buchsbäumchen hängen.

Allgemeine Pflegeschnitte

Nehmen Sie bei einem Gang durch den Garten am besten immer eine Gartenschere mit. Kleinere, pflegende Schnitte können Sie so ganz nebenbei erledigen.

Am besten ist es, wenn Sie die Schere mit der Klinge nach unten in einer Seiten- oder in der Gesäßtasche tragen, dann stört sie bei anderen Arbeiten nicht. Nehmen Sie immer Handschuhe in den Garten mit, dann können Sie, wenn Sie stachelige Triebe abschneiden, gefahrlos zugreifen. Um Verletzungen zu vermeiden, schließen Sie die Verriegelung der Gartenschere, wenn Sie sie nicht brauchen.

Balkon und Terrasse

➤ Entfernen Sie vor dem täglichen Gießen alle verwelkten Blätter und Blüten. So bleiben die Pflanzen gesund und werden vor Pilzbefall geschützt.
➤ Bei Hochstämmchen entfernen Sie regelmäßig alle Triebe, die aus dem Stamm austreiben. Bei Rosen-Hochstämmchen ist es besser, die Seitentriebe abzureißen und nicht abzuschneiden.

Blumenbeete und Staudenrabatten

➤ Einige Staudenarten neigen dazu, sich allzu kräftig auszubreiten, indem sie wie etwa Herbstanemonen Wurzelausläufer bilden oder sich selbst aussäen. Um das Aussäen zu verhindern, schneidet man verblühte Blütenstände regelmäßig heraus.

➤ *Welke Blüten und Blätter knipst man bei Geranien immer samt dem Stiel ab.*

➤ Bei einigen Stauden können Sie die Blüte verlängern, indem Sie verwelkte Blüten abschneiden oder – wie etwa beim Rittersporn – die ganze Staude zurückschneiden (→ Praxisinfo Seite 33).
➤ Bei anderen Stauden ist es ausreichend, wenn man den Sommer über lediglich alte, welke Blätter abschneidet. Dazu gehören Akelei, Sumpf-Dotterblume, Glockenblume, Nieswurz, Funkie, Schwertlilie, Fetthenne und Wintergrün. Diese Arten benötigen sonst keinen Schnitt.
➤ Da die meisten heute gängigen Rosensorten veredelt sind, können unterhalb der Veredelungsstelle so genannte

➤ *Schneiden Sie Wildtriebe bei Rosen direkt an der Ansatzstelle ab.*

5. Pflegen
ALLGEMEINE PFLEGESCHNITTE

Wildtriebe austreiben, die der Pflanze viel Kraft nehmen. Die Veredelungsstelle liegt etwa 5 cm unter dem Boden. Wildtriebe erkennen Sie an der hellgrünen Färbung und an den hellen Blättern, die sich deutlich von den übrigen Trieben und Blättern unterscheiden. Schieben Sie die Erde um den Trieb beiseite, und schneiden Sie die Wildtriebe an der Ansatzstelle ab.

➤ Für eine reiche Blüte ist es bei Rosen ganz besonders wichtig, verwelkte Blüten abzuknipsen (→ Seite 25).

➤ Schneiden Sie unbedingt abgestorbene Aststummel an der nächstgelegenen Verzweigungsstelle ab. Über sie können Krankheitserreger in die Pflanzen eindringen.

➤ Kurzlebige Blumen, wie z. B. Stiefmütterchen, Begonien oder Salvien, nehmen Sie nach der Blüte samt Wurzelstock heraus. Ein Blütenschnitt lohnt sich hier nicht.

Sträucher und Bäume

➤ Bei Obstbäumen reicht es, zwischen den großen Schnittarbeiten im Spätwinter die Wasserschosser zu entfernen.

➤ Beim Flieder schneidet man im Sommer regelmäßig die dünnen, senkrecht nach oben wachsenden Triebe ab, entfernt Verblühtes sowie die Ausläufer (→ Seite 21).

➤ Entfernen Sie z. B. bei Spireen und Ranunkelstauch regelmäßig die Ausläufer.

➤ Sträucher, die im Herbst gepflanzt wurden, brauchen im Frühjahr einen Rückschnitt, damit sie buschiger wachsen: Kürzen Sie alle Triebe um ca. ein Drittel ein. Sie können Sträucher und Rosen auch beim Einpflanzen zurückschneiden (→ Seite 8).

> *Schneiden Sie unschöne Aststummel bei Rosen unbedingt heraus.*

CHECKLISTE

Schnitt nach Plan

Nutzen Sie ruhige Stunden im Garten, um die Schnittarbeiten für das nächste Jahr zu planen.

✓ Notieren Sie: Wo muss geschnitten werden? Was wächst zu dicht?

✓ Im Winter, wenn Sie den Aufbau von Bäumen und Sträuchern besser erkennen, gehen Sie wieder mit dem Notizblock durch den Garten.

✓ Entscheiden Sie anhand Ihrer Aufzeichnungen, welche Schnittarbeiten als Nächstes dran sind.

Spezielle Pflegeschnitte

Ob Sie Schnittfehler ausgleichen oder eine Pflanze zu einer bestimmten Wuchsform erziehen wollen: Mit dem richtigen Know-how ist das alles kein Problem. Erziehungs- und Pflegeschnitte helfen, die Wuchsform zu korrigieren.

▶ Durch den regelmäßigen Schnitt werden Hecken dicht und bleiben in Form.

Sträucher

Häufig werden Sträucher mangels besseren Wissens einfach auf einer Höhe »abrasiert« oder nur von einer Seite geschnitten. Doch das entspricht nicht ihrer Wuchsform. Was bei einer dichten Hecke gut geht, ist bei einem Strauch völlig falsch. Er bildet an den Schnittstellen viele kleine Quirle (→ Praxisinfo Seite 7) aus, wird mit der Zeit unten kahl und oben viel zu dicht. Mit folgendem Schnitt können Sie einen Strauch in zwei bis drei Jahren retten:
➤ Schneiden Sie ihn im Spätwinter auf 20–30 cm zurück.
➤ Lichten Sie ihn im zweiten Jahr im Spätwinter aus, indem Sie ca. ein Drittel der Triebe kurz über dem Boden abschneiden. Geben Sie ihm eine natürliche Form.
➤ Kürzen Sie im dritten Jahr die stehen gebliebenen Triebe auf ca. 50–60 cm ein, damit sie sich stärker verzweigen.

Hecken

Alte, ungepflegte Hecken: Hecken aus Hainbuche oder Liguster können Sie im Spätsommer durch einen kräftigen Rückschnitt verschönern und in Form bringen.
➤ Kürzen Sie die Hecke mit der Astschere zunächst um zwei Drittel ihrer Höhe ein.
➤ Dann schneiden Sie von beiden Seiten insgesamt zwei Drittel der Breite weg. Vielleicht ist die Hecke jetzt nur noch 50 cm hoch, aber sie wächst rasch nach. Sind Lücken entstanden, setzen Sie neue Pflanzen ein.
Junge Hecken: In den ersten Jahren ist ein gezielter Rückschnitt im Sommer sehr wichtig. Nur dann verzweigen sich die Gehölze reichlich und werden dichter.
➤ Kürzen Sie bei einer frisch gepflanzten oder noch nicht geschnittenen, niedrigen Hecke mit einer Amboss-Schere die hohen Mitteltriebe und alle Seitentriebe etwa um die Hälfte ein.
➤ Wiederholen Sie im nächsten Jahr die Prozedur.
➤ Im dritten Jahr kürzen Sie Haupt- und Seitentriebe um ein Drittel ein.
➤ Gießen Sie die junge Hecke in den ersten drei Jahren regelmäßig, und düngen Sie sie im Frühjahr.
➤ Im vierten Jahr schneiden Sie die Hecke an allen Seiten glatt, um wiederum die Verzweigung anzuregen. Warten

5. Pflegen
SPEZIELLE PFLEGESCHNITTE

1 Zierstrauch

Bei frisch gepflanzten Ziersträuchern schneidet man alle Triebe um zwei Drittel zurück. Der starke Schnitt bewirkt einen kräftigen Neuaustrieb.

2 Clematis

Rückschnitt in den ersten zwei bis drei Jahren: Kürzen Sie alle Triebe um die Hälfte ein. Immer direkt über einem Knospenpaar schneiden!

3 Obstbaum

Erziehungsschnitt: Entfernen Sie zu dicht stehende Seitentriebe. Schneiden Sie außerdem alle Äste heraus, die sich überkreuzen.

Sie dann zwei bis drei Jahre, bis Sie mit dem regelmäßigen Heckenschnitt beginnen.

Kletterpflanzen

Wächst eine Clematis nur mit einem Trieb, kann sie ihre Pracht nicht voll entfalten.

➤ Schneiden Sie deshalb ein Jahr nach dem Pflanzen – am besten im Spätwinter – den Einzeltrieb direkt über einem gesunden Knospenpaar auf ca. 30 cm zurück. So fördern Sie die Verzweigung.

➤ Im folgenden Jahr schneiden Sie alle Triebe wieder etwas zurück (→ Zeichnung 2). Achten Sie darauf, möglichst viele Verzweigungen zu erhalten, und schneiden Sie direkt über den Knospen.

Obstbäume

Bei jungen Obstbäumen ist der Aufbau einer lichten Krone mit weit voneinander entfernten, waagrechten Seitentrieben wichtig. Dies erreicht man, indem man drei bis fünf Jahre lang jährlich einen Erziehungsschnitt im zeitigen Frühjahr durchführt.

➤ Schneiden Sie zu dicht übereinander stehende Seitentriebe aus und senkrechte Seitentriebe am Stamm ab.

➤ Fördern Sie drei bis fünf Seitentriebe, indem Sie sie um ein Drittel kürzen. Schneiden Sie direkt an einer nach außen zeigenden Knospe.

➤ Den Leittrieb kürzen Sie so ein, dass er die Seitentriebe um ca. 20 cm überragt. ■

PRAXISINFO

Schnittfehler beseitigen

Obstbäume bilden bei falschem Schnitt Wasserschosser und Quirle aus (→ Praxisinfo Seite 7). Schnittfehler können Sie wie folgt beheben:

✗ Lassen Sie den längsten der Quirläste mit seinen feinen Verzweigungen stehen, die anderen nehmen Sie heraus.

✗ Entfernen Sie alle Wasserschosser.

✗ Schneiden Sie alle Zweige aus, die sich kreuzen.

✗ Schneiden Sie den Baum regelmäßig im Spätwinter, bis er wieder eine lichte, breite Krone hat.

Pflanzenporträts

Blütensträucher, Kletterpflanzen	Seite 42–43
Hecken und Bäume	Seite 44–45
Nutzpflanzen	Seite 46–47
Rosen, Balkon- & Kübelpflanzen	Seite 48–49
Pflanzentabellen	Seite 50–55

Blütensträucher, Kletterpflanzen

Blütensträucher und Kletterpflanzen bereichern jeden Garten mit ihren abwechslungsreichen Blüten. Wichtig bei Ziergehölzen ist der richtige Standort – wie fast alle Frühjahrs- und Sommerblüher stehen sie gern an einem sonnigen oder lichten Platz im Garten. Eine Ausnahme macht die Hortensie: Sie gedeiht im Halbschatten besser. Der Boden für Blütensträucher sollte nicht zu lehmig oder steinig sein. Ziersträucher und Kletterpflanzen schneidet man, um sie in Form zu halten und um die Bildung von Blütentrieben anzuregen. Vor allem Forsythien, Spireen, Glyzinen oder Weigelien werden ohne regelmäßigen Schnitt mit der Zeit zu mächtig.

Alte, etwas blühfaul gewordene Ziersträucher wie Schmetterlingsstrauch, Holunder, Schneeball oder Hartriegel lassen sich durch einen kräftigen Rückschnitt im späten Winter wieder verjüngen.

Bauernhortensie
Hydrangea macrophylla

Höhe/Breite: 0,5–1,5/0,5–2 m
Blütezeit: Juni–Aug./Sept.

▶ **üppiger Blütenflor**

Aussehen: robuster Strauch mit rundlichen, großen Blättern; Doldenblüten in vielen Farbvarianten zwischen Weiß, Rosa, Blau und Violett
Pflege: braucht kalkarme, leicht saure, feuchte Böden und hohe Luftfeuchtigkeit
Schnitt: alte Triebe über Winter stehen lassen; vor dem Austrieb im Frühjahr Blütenschnitt: alte Blütenstände bis zu den neuen Knospen zurückschneiden und erfrorene Triebe entfernen (→ Seite 22).
Gestaltung: gut geeignet als Vorgarten- oder Kübelpflanze

Clematis
Clematis x *jackmanii*

Höhe/Breite: 3/1 m
Blütezeit: Juli–Okt.

▶ **reich blühender Kletterer**

Aussehen: anmutige Kletterpflanze mit großen, farbenprächtigen Blüten
Pflege: Wurzelstock schattig und leicht feucht halten (mulchen), nach dem Setzen zurückschneiden (→ Seite 39); die Blüten brauchen viel Sonne
Schnitt: *Clematis* x *jackmanii* alle vier bis fünf Jahre im frühen Frühjahr auf 20–30 cm zurückschneiden; Schnitt der verschiedenen Clematis-Arten siehe Seite 22.
Gestaltung: gut geeignet für Pergolen, Holzwände oder Hauseingänge

 pflegeleicht   Sonne   Halbschatten   ● Schatten   giftig

TOP 20
BLÜTENSTRÄUCHER, KLETTERPFLANZEN

Forsythie
Forsythia x *intermedia*

Höhe/Breite: 1,5/1,5 m
Blütezeit: März–Mai

▶ **hübscher Frühjahrsblüher** ✿

Aussehen: robuster, schnellwüchsiger Strauch mit aufrechten und überhängenden Zweigen, auf denen vor dem Blattaustrieb zahlreiche gelbe Glöckchenblüten erscheinen.
Pflege: kaum nötig
Schnitt: alle zwei bis drei Jahre auslichten: nach der Blüte alte Zweige bodennah abschneiden, jüngere um 30 cm einkürzen; alle fünf bis zehn Jahre radikaler Rückschnitt auf 20–30 cm über dem Boden
Gestaltung: schön als einzeln stehende Sträucher am Rand von Staudenbeeten

Mandelbäumchen
Prunus triloba

Höhe/Breite: 1,5–3 /1–3 m
Blütezeit: März/April

▶ **reich blühend**

Aussehen: aparter, kleiner Strauch, meist als Hochstämmchen gezogen, im Frühling dicht mit rosafarbenen Blüten besetzt
Pflege: an sonnigen Platz setzen, der Boden sollte gut durchlässig und nicht zu nährstoffreich sein
Schnitt: Jedes Jahr nach der Blüte werden alle Triebe auf 10–20 cm zurückgeschnitten (→ Seite 20); dünne Triebe nimmt man ganz heraus
Gestaltung: Hochstämmchen setzen dekorative Akzente im Blumen- oder Staudenbeet

Schmetterlingsstrauch
Buddleja davidii

Höhe/Breite: 3 m/5 m
Blütezeit: Juli–Okt.

▶ **lockt Schmetterlinge an**

Aussehen: lichter Zierstrauch mit eleganten, sich neigenden Zweigen, die am Ende weiße oder rosafarbene bis violette Rispenblüten tragen
Pflege: in nährstoffreichen, lockeren Boden setzen; in trockenen Sommern gießen
Schnitt: alle zwei bis drei Jahre im Frühjahr starker Rückschnitt, dabei die Wuchsform erhalten; *B. alternifolia* (Schmalblättriger Sommerflieder) nach der Blüte um ca. 30 cm einkürzen
Gestaltung: gute Ergänzung zu dunkellaubigen Hecken

Hecken und Bäume

Hecken geben dem Gartengrundstück, der Terrasse oder einem bunten Staudenbeet einen grünen Rahmen. Als Begrenzung von Sitzecken oder als lebende Sichtschutzwände vorm Haus schaffen sie eine gemütliche Privatsphäre. Zudem sind sie als Hintergrund zu bunten Blumen- oder Staudenbeeten ideal. Durch den jährlichen Schnitt bleibt die Hecke schön kompakt (→ Seite 34). Zu wenig geschnittene Hecken wachsen ungleichmäßig, bekommen mit der Zeit Löcher und verkahlen von unten. Hecken aus Nadelhölzern, wie z. B. Thuja oder Wacholder, vertragen einen Rückschnitt ins alte Holz nicht. Man schneidet nur die grünen Triebe, da sie aus den alten Trieben nicht mehr austreiben können und dann eingehen.
Heckenpflanzen wie Buchsbaum oder Liguster kann man zu dekorativen Figuren wie Spiralen oder Kugeln schneiden (→ Seite 34).

Berberitze
Berberis thunbergii

Höhe: 1–1,5 m
Blütezeit: April/Mai

➤ **tiefrote, rundliche Blätter** ✿

Aussehen: attraktiv gefärbter, sparrig wachsender, bedornter Strauch mit hübschen gelbroten kleinen Blüten
Pflege: wichtig sind ein durchlässiger Boden und ein sonniger Standort
Schnitt: einmal im Jahr im Spätsommer schneiden; rundliche Formen passen zum Charakter der Pflanze am besten; nicht das alte Holz verletzen
Gestaltung: als Solitär gut für den Steingarten geeignet; als Hecke ist sie eine hübsche Einfassung für kleinere, sonnige Vorgärten

Buchsbaum
Buxus sempervirens

Höhe: 1–2 m
Blütezeit: März–April

➤ **kompakt und dekorativ**

Aussehen: niedriger, langsam wachsender, kompakter Strauch mit tiefgrünen, rundlichen Blättern
Pflege: nach dem ersten Schnitt im Frühjahr düngen und mulchen
Schnitt: dreimal während der Vegetationszeit schneiden (April, Juli, September); Balken oder Schnur als Orientierungshilfe nehmen (→ Seite 26)
Gestaltung: hübsche, niedrig bleibende Einfassung für Blumen- oder Staudenbeete; schön als Kugelbäumchen oder Spiralen im Eingangsbereich

✿ pflegeleicht ☼ Sonne ◐ Halbschatten ● Schatten giftig

TOP 20
HECKEN UND BÄUME

Hainbuche
Carpinus betulus

Höhe: bis 2,5 m
Blütezeit: Mai–Juni

➤ **beliebtes Heckengehölz** ✿

Aussehen: lichtes, robustes Gehölz mit freundlichen, hellgrünen Blättern, die den Buchenblättern ähnlich sehen; wächst rasch, Laub wird erst im Spätwinter abgeworfen
Pflege: braucht keine besondere Pflege
Schnitt: einmal im Jahr im Spätsommer schneiden; verträgt auch starken Rückschnitt; Einzelpflanzen nicht schneiden
Gestaltung: beliebte und hübsche Grundstückseinfassung, auch als Solitärgehölz mit seiner glatten, gedrehten Rinde sehr attraktiv

Liguster
Ligustrum vulgare

Höhe: 1–2 m
Blütezeit: Juni/Juli

➤ **blickdichte Laubhecke** ✿

Aussehen: wuchsfreudig, mit kleinen, länglich-eiförmigen, dunklen Blättern, dunkle Beeren
Pflege: nicht in die pralle Sonne oder in den tiefen Schatten setzen
Schnitt: jedes Jahr zweimal schneiden (Juni und August/September), bei späterem Schnitt kann sich die Hecke nicht mehr so gut regenerieren (Braunfärbung der Blätter an den Schnittstellen)
Gestaltung: schöner Hintergrund zu weiß blühenden Sträuchern wie Rispenhortensie, Holunder oder Schneeball

Thuja/Lebensbaum
Thuja occidentalis

Höhe: bis 3 m
Blütezeit: März–Mai

➤ **tiefgrüne Astwedel**

Aussehen: säulenförmiges, schnellwüchsiges, blickdichtes Heckengehölz mit schönen, breitfächrigen Astwedeln
Pflege: braucht keine besondere Pflege
Schnitt: zweimal im Jahr – im April und im August – schneiden; Einzelgehölze schneidet man nicht
Gestaltung: schöne Einfassung für alte Gärten in Gebieten mit sauren Böden und hoher Luftfeuchtigkeit, z. B. Koniferengärten mit Rhododendron und Heidekraut; nicht zu nah am Haus pflanzen

Auslichtungsschnitt   Rückschnitt   Horstschnitt   Trimmen   Blütenschnitt

Nutzpflanzen

Eigenes Obst oder frische Kräuter aus dem Garten schmecken besser. Man kann schon fast sagen, sie »duften« – denn auch das Aroma selbst gezogener Früchte ist nicht zu übertreffen. Stehen Obst- und Beerensträucher an einem sonnigen Platz im Garten, ist im allgemeinen der Einsatz von Pflanzenschutzmitteln überflüssig, wenn sie alle zwei bis drei Jahre geschnitten werden. Dieser Schnitt ist dann aber unbedingt nötig (→ Seite 28). Erreicht die Sonne alle Äste und Zweige, können die Früchte zudem gut ausreifen. Die Stängel von Schnittlauch, Petersilie oder Dill schneidet man möglichst weit unten ab, dann können die Pflanzen wieder austreiben. Mehrjährige Kräuter wie Rosmarin, Lavendel oder Thymian sollten jedes Jahr im Frühjahr einfach um etwa ein Drittel ihrer Länge eingekürzt werden (Handheckenschere benutzen → Seite 32). Vorsicht vor einem Schnitt ins alte Holz: Manche Kräuter treiben dann nicht mehr aus.

Apfelbaum
Malus-Sorten

Höhe/Breite: 3–6/10–15 m
Erntezeit: Aug.–Okt.

▶ **beliebter Obstbaum**

Aussehen: im Alter knorriger Baum mit breiter Krone; im Frühjahr ist er übersät von weiß- bis rosafarbenen Blüten, die in dichten Quirlen zusammenstehen
Pflege: der Baum braucht ausreichend Platz und Licht
Schnitt: alle drei bis fünf Jahre muss man die Baumkrone auslichten; Wasserschosser und sich kreuzende Äste muss man regelmäßig jedes Jahr am Verzweigungspunkt entfernen (→ Seite 28).
Gestaltung: schön als Solitär in alten Gärten

Brombeere
Rubus fruticosus

Höhe/Breite: 2–8 /0,5–1 m
Erntezeit: Aug.–Sept.

▶ **rasch wüchsig**

Aussehen: Kletterstrauch mit großblättrigen, langen Trieben, die dicht mit Stacheln besetzt sind. Die großen schwarzen Beeren bilden lockere Rispen am Ende der langen Triebe
Pflege: keine besondere Pflege nötig
Schnitt: jährlich nach der Ernte alte Fruchttriebe am Boden abschneiden; junge Triebe an Spalier binden und Seitentriebe im Frühsommer auf zwei bis drei Augen einkürzen (→ Seite 29)
Gestaltung: schöner Spalierstrauch mit leckeren Früchten

TOP 20
NUTZPFLANZEN

Himbeere
Rubus idaeus

Höhe/Breite: 1,5–2/2–4 m
Erntezeit: Juli–Sept.

➤ **leckere, süße Früchte**

Aussehen: einzelne, etwas stachelige, leicht überhängende Triebe mit großen, gesägten, herzförmigen Blättern; die rosafarbenen Früchte stehen in Rispen zusammen
Pflege: ganzjährig mulchen, im Frühjahr frische Komposterde oder organischen Dünger geben; Triebe an waagrecht gespannten Drähten leiten
Schnitt: jährlich nach der Ernte alte Fruchttriebe unter dem Boden abschneiden (→ Seite 29)
Gestaltung: schöner Beerenstrauch, gut für den Rand sonniger Nutzgärten geeignet

Lavendel
Lavandula angustifolia

Höhe/Breite: 0,5–1/0,7–1,2 m
Blütezeit: Juli–Aug.

➤ **duftend, mediterran**

Aussehen: graugrüner, bürstenförmiger Strauch mit kleinen, schmalen Blättchen; an den jungen Trieben sitzen aparte, lilafarbene Blüten
Pflege: braucht kalkhaltigen, etwas steinigen Boden und einen sonnigen, warmen Platz; Gießen ist nur in sehr trockenen Sommern nötig
Schnitt: nach der Blüte oder im Frühjahr abgeblühte Triebe mit der Heckenschere bis kurz über dem verholzten Teil der Pflanze abschneiden (→ Seite 32)
Gestaltung: schön für Beetränder, Steingarten, Terrasse

Rote Johannisbeere
Ribes rubrum

Höhe/Breite: 1–2/0,8 m
Erntezeit: Juni–Aug.

➤ **leicht säuerliche Früchte**

Aussehen: halbhoher Strauch mit knorrigen Ästen, an denen rundlich-herzförmige, leicht gezähnte Blätter sitzen; rote, leicht behaarte kleine Früchte in dichten Trauben
Pflege: ganzjährig mulchen, im Frühjahr Komposterde oder organischen Dünger geben.
Schnitt: alle zwei bis drei Jahre nach der Ernte sich kreuzende Zweige entfernen und den Strauch auf fünf bis sieben Haupttriebe und deren Seitenäste auslichten (→ Seite 29)
Gestaltung: schöne Einfassung am Rand von Nutzgärten

Auslichtungsschnitt   Rückschnitt   Horstschnitt   Trimmen   Blütenschnitt

Rosen, Balkon- und Kübelpflanzen

Rosen gedeihen prächtig, wenn sie an einem sonnigen, luftigen Ort stehen. Der Rückschnitt im Frühjahr und das regelmäßige Herausschneiden welker Blütenstände erhält sie gesund, regt die Blütenbildung an und verlängert die Blüte (→ Seite 25). Die Blütenfülle von Geranie, Fuchsie und Co. verleihen Balkon, Terrasse oder Fensterbank Anmut und freundliches Ambiente. Ergänzt durch Kübelpflanzen wie Oleander, Bougainvillee oder Margeriten, wird jeder Sitzplatz im Garten noch stimmungsvoller. Wie fast alle Blütenpflanzen mögen Balkon- und Kübelpflanzen einen sonnigen bis lichten Platz. Und mit etwas Pflege blühen sie doppelt schön. Gießen Sie nur, wenn der Erdballen oberflächlich trocken ist – also nicht zu oft, aber dann kräftig. Im Frühjahr ist für die Überwinterer Schnitt-, Dünge- und Umtopfzeit.

Beetrose
viele Arten und Sorten

Höhe/Breite: 80/40–60 cm
Blütezeit: Juni–Sept.

▶ edle Blüten

Aussehen: Strauch mit glänzend dunkelgrünen, herzförmigen Blättern und üppigen, weiß, rosa, orange bis rot gefärbten Blüten; Triebe mit zahlreichen Stacheln
Pflege: Boden regelmäßig auflockern und im Frühjahr mulchen
Schnitt: Anfang April die Pflanzen auf ca. 15–20 cm zurückschneiden, im Sommer die verwelkten Blütenstände regelmäßig abknipsen
Gestaltung: schön vor dunkellaubigen Hecken, in Rabatten und Vorgärten

Engelstrompete
Brugmansia aurea

Höhe/Breite: 5–10/bis 4 m
Blütezeit: Juli–Sept.

▶ groß und beeindruckend

Aussehen: großblättrige, mächtige Kübelpflanze mit riesigen, nach unten geneigten, trompetenförmigen gelben oder hellroten Blüten
Pflege: sonniger, windgeschützter Platz; im Sommer, sobald sich der Wurzelballen trocken anfühlt, kräftig gießen
Schnitt: vor dem Einräumen die oberen Zweige um zwei Drittel zurückschneiden, die Haupttriebe (hier sitzen die Blätter symmetrisch an den Zweigen) nicht kürzen
Gestaltung: wirkt am besten vor dunkellaubigen Hecken

 pflegeleicht Sonne Halbschatten Schatten giftig

TOP 20
ROSEN, BALKON- UND KÜBELPFLANZEN

Fuchsie
Fuchsia-Sorten

Höhe/Breite: bis 100/70 cm
Blütezeit: Juni–Okt.

▶ **dekorative Blüten** ✿

Aussehen: robuster Strauch mit glöckchenförmigen, nach unten geneigten Blüten, auch als Ampelpflanze oder Hochstämmchen angeboten
Pflege: bei trockenem Wurzelballen gut gießen, im Frühjahr Langzeitdünger zugeben, alle zwei bis drei Jahre umtopfen.
Schnitt: im Frühjahr auf 5–10 cm zurückschneiden, einige Wochen später die Triebe nochmals um 3–5 cm zurücknehmen
Gestaltung: hervorragend als freundlicher Willkommensgruß am Eingang geeignet

Oleander
Nerium oleander

Höhe/Breite: bis 6 /bis 3 m
Blütezeit: Juni–Sept.

▶ **farbenprächtige Blüten**

Aussehen: lichter Strauch mit graugrünen, lanzettlichen Blättern; am Ende der Triebe stehen Blütenrispen, die mit zahlreichen weiß, rosa oder rot gefärbten, mittelgroßen Blüten besetzt sind
Pflege: an einen sonnigen, luftigen, möglichst regengeschützten Platz stellen; sobald sich der Wurzelballen trocken anfühlt, kräftig gießen
Schnitt: nach der Blüte verwelkte Blütenstände abschneiden, Handschuhe tragen!
Gestaltung: schöner Blickfang auf großen Terrassen

Zitronenbäumchen
Citrus-Arten

Höhe/Breite: bis 100/60 cm
Blütezeit: unterschiedlich

▶ **dekorativ, wohlriechend**

Aussehen: dunkellaubiger Strauch, der mit kleinen Zitronen behangen ist
Pflege: unbedingt nur mit kalkfreiem, abgekochtem Leitungswasser gießen, Ballen immer leicht feucht halten
Schnitt: alle zwei bis drei Jahre im Frühjahr Triebe, die sich kreuzen, entfernen und die Krone wieder rund schneiden.
Gestaltung: passt sehr schön zu Gärten oder Terrassen im mediterranen Stil mit Terrakotta-Töpfen, weißen Mauern und Terrassenbelag aus hellen Sandsteinplatten

 Auslichtungsschnitt   Rückschnitt   Horstschnitt   Trimmen   Blütenschnitt

Weitere Pflanzen

Blütensträucher und Kletterpflanzen

Name	Schnittform Standort	Schnittzeitpunkt	Höhe/Breite	Blütezeit Blütenfarbe	Bemerkungen
Bartblume *Caryopteris x clandonensis*		Frühjahr	1 m 1 m	Aug.–Sept. blau	Blüten stehen an den diesjährigen Trieben
Blauraute *Perovskia abrotanoides*		Frühjahr	1 m 1 m	Aug.–Sept. blau	treibt leicht aus dem alten Holz wieder aus
Blutjohannisbeere *Ribes sanguineum*		Sommer	2 m 1 m	April–Mai rosarot	schöne blauschwarze Früchte; nach der Blüte auslichten
Blutpflaume *Prunus cerasifera 'Nigra'*		Sommer	7 m 4 m	April–Mai rosa	nur in den ersten Jahren leichtes Auslichten Ende Juni nötig
Blutroter Hartriegel *Cornus sanguinea*		Spätwinter	3 m 2,5 m	Mai–Juni weiß	alle drei bis fünf Jahre schneiden; giftig
Clematis *Clematis alpina*		Frühjahr	bis 3 m 1,5 m	Mai–Juli blau	wenn zu groß, nach der Blüte einkürzen
Clematis *Clematis 'Marie Boisselot'*		Herbst	3 m 1 m	Juli–Sept. weiß	nach der Blüte alte Triebe zurückschneiden
Deutzie *Deutzia-Arten*		Sommer	1,5 m 1,5 m	Juni–Juli weiß, rosa	nach der Blüte schneiden
Feuerdorn *Pyracantha coccinea*		Frühjahr	4 m 4 m	Mai–Juni cremeweiß	nur die Triebe, die Früchte getragen haben, ausschneiden
Fingerstrauch *Potentilla fruticosa*		Frühjahr	70 cm 40–60 cm	Juni–Aug. gelb	jedes Jahr kräftig zurückschneiden
Flieder *Syringa vulgaris*		Sommer	bis 4 m 2–3 m	Mai–Juni violett, weiß	nach der Blüte welke Blütenstände abschneiden
Ginster *Genista*		Sommer	bis 1 m bis 8 m	Mai–Juli gelb	alle vier bis fünf Jahre schneiden
Glyzine (Blauregen) *Wisteria sinensis*		Spätsommer	über 9 m	Mai–Juni blauviolett	nach der Blüte die Seitentriebe auf drei bis vier Blätter einkürzen; giftig
Hängekätzchenweide *Salix caprea 'Pendula'*		Sommer	1,5–2 m 2 m	März–April graue Kätzchen	jedes Jahr auf 10–20 cm zurückschneiden

Pflanzentabellen
WEITERE PFLANZEN

Name	Schnittform Standort	Schnittzeitpunkt	Höhe/ Breite	Blütezeit Blütenfarbe	Bemerkungen
Heidekraut (Besenheide) *Calluna vulgaris*		Frühjahr	bis 60 cm bis 75 cm	Okt. weiß, rosa, lila	nur alle paar Jahre wie Lavendel schneiden
Heiligenkraut *Santolina chamae-cyparissus*		Frühjahr	50 cm 1 m	Juli–Aug. gelb	treibt leicht aus dem alten Holz wieder aus
Hibiskus (Straucheibisch) *Hibiscus syriacus*		Spätwinter	3 m 2 m	Aug.–Sept. weiß, blau, rosa	kälteempfindlich, erst schneiden, wenn keine Frostgefahr
Holunder *Sambucus nigra*		Frühjahr	6 m 5 m	Juni–Juli weiß	Horstschnitt nur alle drei bis fünf Jahre, sonst auslichten
Jelängerjelieber *Lonicera caprifolium*		Spätwinter	bis 4 m bis 4 m	Mai–Juni creme, rötlich	alle vier bis fünf Jahre auf 40–50 cm kürzen; giftig
Johanniskraut *Hypericum*		Frühjahr	0,5–1 m 1 m	Juni–Aug. gelb	bei Arten, die nicht verholzen, im Frühjahr abgestorbene Teile entfernen
Kletterhortensie *Hydrangea anomala* ssp. *petiolaris*		Frühjahr	10 m 6 m	Juni–Juli weiß	welke Blüten sowie totes Holz entfernen, sonst kein Schnitt nötig
Klettertrompete *Campsis*-Arten		Frühjahr	10 m	Juli–Sept. rot, orange	jedes Jahr im Frühjahr Seitentriebe einkürzen
Kolkwitzie *Kolkwitzia amabilis*		Sommer	3 m 4 m	Mai–Juni blass-tiefrosa	Schnitt nach der Blüte
Liebesperlenstrauch *Callicarpa bodinieri*		Frühjahr	3 m 2,5 m	Juni–Juli rosa	nur die Triebe, die Früchte getragen haben, ausschneiden
Lonicera (Waldgeißblatt) *Lonicera periclymenum*		Spätwinter	bis 7 m	Mai–Juli weiß, rot, orange	alle vier bis fünf Jahre Horstschnitt möglich; giftig
Pfaffenhütchen *Euonymus europaeus*		Spätwinter	3 m 2,5 m	Mai–Juni weiß-grün	Handschuhe tragen, giftig und reizend; selten schneiden
Pfeifenstrauch *Philadelphus*-Hybriden		Sommer	4 m 3 m	Mai–Juni weiß	nach der Blüte etwa ein Viertel der alten Triebe herausnehmen
Ranunkelstrauch *Kerria japonica*		Sommer	2 m 1,5 m	Mai gelb	regelmäßig auslichten; Ausläufer im Spätwinter entfernen
Rispenhortensie *Hydrangea paniculata*		Frühjahr	bis 7 m 2,5 m	Aug.–Sept. weiß	Rückschnitt erst, wenn keine Nachtfröste mehr drohen
Samthortensie *Hydrangea aspera*		Frühsommer	3 m 1 m	Juli–Sept. weiß bis rosa	totes Holz regelmäßig entfernen, sonst nur Blütenschnitt
Schneeball *Viburnum* x *burkwoodii*		Spätwinter	2,5 m 2,5 m	März–April weiß	nur behutsam auslichten; giftig

Blütensträucher und Kletterpflanzen

Name	Schnittform Standort	Schnittzeitpunkt	Höhe/ Breite	Blütezeit Blütenfarbe	Bemerkungen
Schneeballhortensie *Hydrangea arborescens*		Frühjahr	bis 2 m	Juni–Aug. weiß	alle Triebe auf 20 cm Höhe zurückschneiden
Sommerflieder *Buddleja alternifolia*		Sommer	2 m 2–4 m	Juni helllila, weiß	alle Triebe nach der Blüte um ca. 30 cm einkürzen
Spierstrauch *Spiraea*-Sorten		Sommer oder Frühjahr	2–3 m 2–3 m	April–Mai weiß, lila, rosa	hohe Spireen nur auslichten, Polsterspireen vertragen einen Horstschnitt im Frühjahr
Weigelie *Weigela*-Hybriden		Sommer	2–3 m 2–3 m	Mai–Juli rot, rosa	nach der Blüte schneiden
Weißer Hartriegel *Cornus alba*		Spätwinter	3 m 3 m	Mai–Juni weiß	nur alle drei bis fünf Jahre schneiden; giftig
Winterjasmin *Jasminum nudiflorum*		Frühjahr	bis 3 m	Dez.–März gelb	alte, schwache und über Kreuz wachsende Triebe entfernen, Spitzen etwas einkürzen
Zwergmispel *Cotoneaster salicifolius*		Spätsommer	0,3 m 5 m	Juni–Aug. weiß	nach der Blüte leicht zurückschneiden

Bäume und Hecken

Name	Schnittform Standort	Schnittzeitpunkt	Höhe/ Breite	Blütezeit Blütenfarbe	Bemerkungen
Eibe *Taxus baccata*		Sommer und Herbst	10 m 4–8 m	März–April unscheinbar	beim Schneiden Handschuhe tragen; giftig
Feldahorn *Acer campestre*		Spätsommer	8 m 4 m	Mai gelb	regelmäßig schneiden, damit die Hecke nicht verholzt
Haselnuss *Corylus avellana*		Spätwinter	6 m 5 m	Febr.–April gelbe Kätzchen	regelmäßig Ausläufer entfernen
Lorbeer *Laurus nobilis*		Frühjahr und Herbst	bis 12 m bis 10 m	April–Mai unscheinbar	gut für Formschnitt (Topiary) geeignet, auch Kübelpflanze
Wacholder *Juniperus communis*		Sommer	2–6 m 1–6 m	April–Mai unscheinbar	nur schneiden, wenn als Hecke gezogen
Zypresse *Chamaecyparis lawsoniana*		Frühjahr und Spätsommer	15 m 5 m	April–Mai unscheinbar	nicht ins alte Holz schneiden

Pflanzentabellen
WEITERE PFLANZEN

Nutzpflanzen

Name	Schnittform Standort	Schnittzeitpunkt	Höhe/ Breite	Blütezeit Blütenfarbe	Bemerkungen
Birne *Pyrus*-Sorten		Spätwinter	15 m 10 m	April–Mai weiß	totes Holz entfernen; alle zwei bis drei Jahre auslichten
✿ **Erdbeere** *Fragaria*		Spätsommer	15 cm 30–40 cm	Mai–Juni weiß	nach der Ernte Horstschnitt, Ausläufer regelmäßig entfernen
Kiwi *Actinidia deliciosa*		Frühjahr und Sommer	7 m 4–5 m	Mai/Juni weiß	Frühjahr: abgetragene Ranken entfernen, Sommer: auf fünf Blätter über den Früchten zurückschneiden
Mirabelle *Prunus domestica* subsp. *syriaca*		Spätwinter	bis 5 m 2–4 m	April–Mai weiß	nicht mehr als ein Fünftel der Zweige herausnehmen
Pfirsich *Prunus persica*		Herbst	bis 4 m 3–5 m	April rosarot	Fruchttriebe auf drei bis fünf Augen einkürzen, max. ein Fünftel der Zweige entfernen
Quitte *Cydonia oblonga*		Spätwinter	1,5–5 m bis 5 m	Mai–Juni rosa	nur gelegentlich auslichten
Rosmarin *Rosmarinus officinalis*		Sommer	bis 1,5 m bis 1,5 m	Mai–Juni blau-weiß	jährlich nach der Blüte wie Lavendel schneiden
Salbei *Salvia officinalis*		Frühjahr	30–60 cm 40–50 cm	Mai–Aug. lila	zum Würzen junge Blätter und Triebe regelmäßig abknipsen
✿ **Sanddorn** *Hippophae rhamnoides*		Herbst	1,5–2 m 2–4 m	März–Mai gelbgrün	nur ab und zu auslichten
Sauerkirsche *Prunus cerasus*		Herbst	4 m 5–6 m	April–Mai weiß, rosa	Fruchttriebe auf drei bis fünf Augen einkürzen, max. ein Fünftel der Zweige entfernen
Schwarze Johannisbeere *Ribes nigrum*		Spätwinter	1–1,5 m 1,8 m	April–Mai	ein Drittel der alten Triebe herausnehmen
Stachelbeere *Ribes uva-crispa*		Spätsommer	80 cm 70 cm	April–Mai gelb	jährlich ältere, braun gefärbte Triebe auslichten
Süßkirsche *Prunus avium*		Spätwinter	20 m 10 m	April–Mai weiß	nur alle zwei bis vier Jahre ein Fünftel der Zweige auslichten
Thymian *Thymus vulgaris*		Frühjahr	15 cm 20 cm	Mai–Sept. rosa, violett	jährlich schneiden, wenn keine Nachtfröste mehr drohen
Zwetschge/Pflaume *Prunus domestica*		Spätwinter	5–10 m 6–8 m	April–Mai weiß	alle zwei bis drei Jahre max. ein Fünftel der Zweige auslichten

Rosen, Balkon- und Kübelpflanzen

Name	Schnittform Standort	Schnittzeitpunkt	Höhe/ Breite	Blütezeit Blütenfarbe	Bemerkungen
Bleiwurz *Plumbago auriculata*		Frühjahr	1,5–6 m bis 3 m	Juni–Okt. blau	alle Triebe um ein Drittel kürzen, buschige Form erhalten
Bougainville *Bougainvillea glabra*		Frühjahr	5–10 m 3 m	April–Juni rosa, weiß	nur zu lange Triebe einkürzen
Cistrose *Cistus ladanifer*		Herbst	0,5–2 m 0,7–1,5 m	April–Juni weiß, rosa	jüngere Pflanzen leicht zurückschneiden
Gelbe Strauchmargerite *Euryops chrysanthemoides*		Frühjahr	50–70 cm 1,5 m	Juni–August gelb	alle Triebe des Hochstämmchens um ein Drittel einkürzen, Seitentriebe am Stamm ganz abnehmen
Geranie *Pelargonium-Peltatum-Hybriden, P.-Zonale-Hybriden*		Frühjahr, Sommer	40–50 cm 20–30 cm	April–Okt. rot, weiß violett, rosa	verwelkte Blüten regelmäßig entfernen
Hibiskus *Hibiscus rosa-sinensis*		Herbst	1–1,5 m 1–1,5 m	März–Okt. weiß, gelb, rosa, rot	nur ältere Pflanzen ab und zu auslichten
Kamelie *Camellia japonica*		Sommer	bis 9 m bis 8 m	Jan.–April weiß, rosa, rot	verwelkte Blütenstände abschneiden
Kletterrose (Rambler) *Rosa spec.*		Herbst	bis 4 m	Juni–Sept. weiß, gelb, rosa, rot	nur alte und quer wachsende Triebe herausnehmen, totes Holz entfernen
Kletterrose (Climber) *Rosa spec.*		Frühjahr	bis 4 m	Juni–Sept. weiß, gelb, rosa, rot	alte und quer wachsende Triebe herausnehmen; Seitentriebe bis auf zwei Knospen einkürzen
Lagerströmie *Lagerstroemia indica*		Frühjahr	bis 8 m bis 8 m	Aug.–Okt. rosa	um ein Drittel zurückschneiden, verträgt auch kräftigen Rückschnitt
Passionsblume *Passiflora caerulea*		Frühjahr	bis 4 m	Juni–Sept. violett, weiß/ blau, rot, weiß	starker Rückschnitt im März
Petunie *Petunia-Hybriden*		Sommer	30 cm 90 cm	Mai–Sept. weiß, gelb, rot rosa, violett	Blütenstände regelmäßig entfernen
Schönmalve *Abutilon*		Frühjahr	bis 3 m bis 3 m	Aug.–Okt. rot, gelb	um die Hälfte zurückschneiden und umtopfen

Pflanzentabellen
WEITERE PFLANZEN

Name	Schnittform Standort	Schnittzeitpunkt	Höhe/ Breite	Blütezeit Blütenfarbe	Bemerkungen
Strauchrosen *Rosa spec.*		Frühjahr	0,5–2 m 1–1,5 m	je nach Sorte weiß, gelb, rosa	einmal blühende ab und zu auslichten, mehrmals blühende regelmäßig im Frühjahr
Wandelröschen *Lantana-Camara*-Hybriden		Sommer	bis 1 m bis 1,5 m	Juni–Sept. orange, rot, gelb, weiß, rosa	Blütenstände im Sommer regelmäßig entfernen; giftig
Weiße Strauchmargerite *Chrysanthemum frutescens*		Frühjahr oder Herbst	50 cm 60 cm	Juni–August gelb, weiß	alle Triebe um ein Drittel einkürzen; nur einmal überwintern, Verblühtes entfernen

Stauden und Bodendecker

Name	Schnittform Standort	Schnittzeitpunkt	Höhe/ Breite	Blütezeit Blütenfarbe	Bemerkungen
Aster *Aster*-Arten		Herbst	unterschiedlich	Aug.–Sept. rosa, lila, blau, rot, violett	nach der Blüte zurückschneiden
Efeu *Hedera helix*		zu jeder Zeit	bis 10 m	Okt.–Nov. gelb	möglichst nur an den Rändern schneiden; giftig
Frauenmantel *Alchemilla mollis*		Herbst	60 cm 80 cm	Juni gelb	Rückschnitt nach der ersten Blüte fördert zweite Blüte
Funkie *Hosta*		Herbst	60 cm bis 1 m	August weiß-rosa	Blütenstände entfernen
Lupine *Lupinus-Polyphyllus*-Hybriden		Herbst	1,5 m 75 cm	Juni–Juli rot, gelb, violett	Blütenstände entfernen, wenn die Pflanze nicht aussamen soll
Pfingstrose *Paeonia-Lactiflora*-Hybriden		Sommer	80 cm bis 1 m	Juni–Juli rot, gelb, violett, weiss, rosa	Entfernen verwelkter Blüten fördert die Neublüte
Phlox *Phlox-Paniculata*-Hybriden		Sommer	bis 1,5 m 40–50 cm	Juli–Aug. weiß, rot, violett, rosa	Verblühtes abschneiden, Blätter stehen lassen
Rittersporn *Delphinium-Elatum*-Hybriden		Herbst	1,5 m 50–60 cm	Juni–Juli weiß, rosa, blau, violett	Blüten und Blätter bis Handbreit über dem Boden schneiden, dann 2. Blüte im Herbst; giftig
Ziergras versch. Arten		Spätwinter	2 m 1,5 m	Sommer unscheinbar	Stängel den Winter über stehen lassen

Arbeitskalender

Januar – April: Hauptsaison für den Schnitt

JANUAR

- **Vorbereiten:** Unter Freunden nach Hilfe für größere Schnittmaßnahmen im Februar/März fragen und Termine festlegen. Klingen der Scheren mit Petroleum reinigen und mit Öl einreiben. Gelenke der Scheren ölen.
- **Schneiden:** Alte Obstbäume können bereits jetzt geschnitten werden.
- **Pflegen:** Bei überwinternden Kübel- und Balkonpflanzen welke Blätter entfernen.

FEBRUAR

- **Vorbereiten:** Entsorgung des Schnittguts planen: Abgabezeiten und -ort bei der Gemeinde erfragen, Platz für Totholzhaufen im Garten auswählen.
- **Schneiden:** Obstbäume und Beerensträucher nach Bedarf auslichten. Ziersträucher wie Hartriegel, Haselnuss, Hibiskus oder Pfaffenhütchen auslichten. Wenn nötig, Horstschnitt bei Hartriegel und Haselnuss ausführen. Bei Flieder alte und sich kreuzende Zweige entfernen.

Mai – August: Zeit zum Hegen und Pflegen

MAI

- **Vorbereiten:** Elektrische Heckenschere prüfen und funktionstüchtig machen; ebenso Kabelrolle, Leiter und evtl. den Häcksler; Schnitthöhe und -breite der Hecke evtl. mit Nachbarn abklären.
- **Schneiden:** Hecken aus Zypresse, Wacholder, Thuja, Liguster, Buchs schneiden. Alte, lückige Laubholzhecken verjüngen. Bei Samthortensien alte Blüten oberhalb der neuen Knospen abschneiden.

JUNI

- **Schneiden:** Starker Rückschnitt bei Mandelbäumchen, Mahonie, Hängekätzchenweide; Auslichtungsschnitt bei Forsythie, höher wachsenden Spireen, Ranunkel-Strauch, Blutjohannisbeere; jetzt ist noch Horstschnitt bei Forsythie möglich.
- **Pflegen:** Bei Obstbäumen Wasserschosser ausschneiden. Verwelkte Blüten bei Balkonpflanzen abzwicken, um die Blüte anzuregen. Seitentriebe bei Brombeeren einkürzen.

September – Dezember: Planen und umgestalten

SEPTEMBER

- **Vorbereiten:** Winterquartier für Kübelpflanzen vorbereiten.
- **Schneiden:** Hecken aus Buchsbaum, Liguster, Eibe, Zypresse oder Thuja schneiden; Rückschnitt von Lavendel.
- **Pflegen:** Stauden teilen und umpflanzen; abgeblühte Blütenstände der Rosen abschneiden; bei Stauden, die nicht aussamen sollen, Samenkapseln samt Stiel abschneiden.

OKTOBER

- **Vorbereiten:** An frostfreien Tagen Obststräucher, Rosen und Ziergehölze pflanzen. Pflanzschnitt nicht vergessen (→ Seite 8).
- **Schneiden:** Kübelpflanzen zurückschneiden, wenn das Winterquartier sehr klein ist; Clematis-Arten, die im Sommer und Herbst blühen, auf 30–50 cm einkürzen; Stauden eventuell zurückschneiden; alte Blüten bei Rosen entfernen.

MÄRZ

- **Vorbereiten:** Kompost umsetzen, um wieder Platz für Schnittgut zu haben.
- **Schneiden:** Kübelpflanzen, Stauden und Ziergräser zurückschneiden. Rückschnitt von Schmetterlingsstrauch, Bartblume, Rispenhortensie; Horstschnitt bei Schneeballhortensie und Potentilla; bei Lonicera alle vier bis fünf Jahre, bei Clematis alle fünf bis zehn Jahre Horstschnitt durchführen.
- **Pflegen:** Bei Kletter- und Bauernhortensien abgestorbene Zweige und Blüten entfernen.

APRIL

- **Vorbereiten:** Mitte März bis Anfang April Sträucher, Rosen, junge Bäume pflanzen oder umsetzen. Vor dem Einpflanzen Pflanzschnitt (→ Seite 8) durchführen. Neue Stauden kaufen oder alte teilen.
- **Schneiden:** Beet-, Strauch- und Kletterrosen auslichten und zurückschneiden. Rückschnitt von Lavendel und Rosmarin. Überwinterte Fuchsien und Geranien nochmal einkürzen. Rückschnitt der im Herbst gesetzten Heckenpflanzen (→ Seite 38).

JULI

- **Schneiden:** Hecken aus Eibe, Buchs oder Berberitze schneiden. Clematis-Arten, die nur einmal im Mai/Juni blühen, nach der Blüte um ca. 20 cm einkürzen; Glyzine zurückschneiden, indem man die Seitentriebe auf zwei bis drei Knospen einkürzt (→ Seite 23).
- **Pflegen:** Wasserschosser und welke Blüten bei Flieder entfernen. Verwelkte Blüten bei Rosen und Balkonpflanzen abzwicken. Kräuter regelmäßig abernten.

AUGUST

- **Schneiden:** Schmalblättrigen Sommerflieder nach der Blüte zurückschneiden. Hecken aus Hainbuche oder Feldahorn werden jetzt geschnitten. Weigelie, Kolkwitzie, Deutzie auslichten.
- **Pflegen:** Nach der Ernte bei Beerensträuchern wie Johannisbeere, Stachelbeere oder Himbeere Fruchttriebe abschneiden bzw. auslichten (Seite 28/29). Verwelkte Blüten bei Rosen und Balkonpflanzen abzwicken.

NOVEMBER

- **Vorbereiten:** In der Zeit von November bis Januar größere Schnittmaßnahmen planen.
- **Schneiden:** Bis Ende März Ausläufer, z. B. von Flieder, Haselnuss, Spiree, Heckenrose oder Ranunkelstrauch, entfernen.
- **Pflegen:** Pflanzen im Winterquartier ausputzen; bei Schädlingsbefall Fuchsien, Geranien oder Margeriten um ein Drittel einkürzen.

DEZEMBER

- **Vorbereiten:** Schnitttechniken und Schnittzeitpunkte für Ziersträucher auf Etiketten notieren. Klingen der Sägen und Scheren auf Funktionstüchtigkeit überprüfen. Schneidgeräte in trockenem Raum lagern. Nach Kosten für das Ausleihen eines Häckslers fragen.
- **Pflegen:** Pflanzen im Winterquartier ausputzen; darauf achten, dass die Raumtemperatur nicht zu niedrig (unter 5 °C) ist.

Die **halbfett** gesetzten Seitenzahlen verweisen auf Abbildungen.

A

Abholdienst 17
Abutilon 54
Acer campestre 52
Actinidia deliciosa 53
Äste **14, 15, 16**, 18, 28
 –, dünne 15
 –, starke 15
 –, waagrecht stehende 28
Alchemilla mollis 55
Amboss-Schere 12, **12**, 13, 38
Apfelbaum 28, 46, **46**
Aster 32, 55
Aster-Arten 55
Astsäge 12, 13, **14**
Astschere 12, 13
Aststummel 37, **37**
Auge 7, 14, 25
 –, schlafendes 14, 15
Ausläufer 22, 37
Auslichtungsschnitt 8, **8**, 11, 20, 28, 29
Ausputzen 15

B

Bäume 44
 –, einheimische 11
Balkonpflanzen 6, 9, 11, 30, 48
Bartblume 21, 50
Bauernhortensie 22, **23**, 42, **42**
Baumsägen 12
Beerensträucher 6, 8, 11, 28, 29, 57
Beetrosen **24**, 25, 48, **48**
Benjeshecke 16, 17
Berberis thunbergii **44**, 44
Berberitze 26, 27, 44, **44**, 57
Besenheide 51
Birnbaum 28, 53
Blauraute 50
Blauregen 23, 50
Bleiwurz 54
Blüten, verwelkte 11, 37, **25**, **36**
Blütenbildung 8

Blütenknospen 20
Blütenschnitt 9, **21**
Blütensträucher 9, 20, 42
Blütentriebe 7
Blütezeit 20
 – verlängern 30, 32, 33
Blumen, einjährige 37
Blutjohannisbeere 11, 50, 56
Blutpflaume 50
Bodendecker 32, 33
Bougainvillea glabra 54
Bougainvillee 54
Brombeere 9, 11, 29, **29**, 46, **46**, 56
Brugmansia aurea 48, **48**
Brutplätze 11
Buchsbaum 27, 34, **34**, **35**, 44, **44**, 56, 57
Buddleja alternifolia 43, 52
Buddleja davidii 43, **43**
Buxus sempervirens 44, **44**
By-Pass-Schere 12, 13

C

Callicarpa bodinieri 51
Calluna vulgaris 51
Camellia japonica 54
Campsis-Arten 51
Carpinus betulus 45, **45**
Caryopteris x *clandonensis* 50
Chamaecyparis lawsoniana 52
Chrysanthemum frutescens 55
Cistrose 54
Cistus ladanifer 54
Citrus-Arten 49, **49**
Clematis 9, 22, **23**, 39, **39**, 42, **42**, 50
Clematis alpina 50
Clematis x jackmanii 42, **42**
Clematis-Hybriden 23
Clematis 'Marie Boisselot' 50
Cornus alba 52
Cornus sanguinea 50
Corylus avellana 52
Cotoneaster salicifolius 52
Cydonia oblonga 53

D

Delphinium-Elatum-Hybriden 55
Deutzia-Arten 50
Deutzie 20, 50, 57

E

Efeu 9, 27, 33, 55
Eibe 27, 34, 52, 56, 57
Eibenhecken 9
Engelstrompete 48, **48**
Erdbeere 53
Ernteschnitt 33
Erziehungsschnitt 9, 22, 28, 38, 39, **39**
Essigbaum 9
Eunonymus europaeus 51
Euryops chrysanthemoides 54

F

Feldahorn 52
Felsenbirne 9
Feuerdorn 50
Fingerstrauch 50
Flieder 21, **21**, 22, 37, 50, 56, 57
Formschnitt 9
Forsythia x *intermedia* 43, **43**
Forsythie 9, 11, 20, 21, 43, **43**, 56
Fragaria 53
Frauenmantel 32, 55
Fruchttriebe 7
Früchte 6, 8
Frühjahr 20
 –, zeitiges 10
Frühsommer 20
Fuchsia-Sorten 49, **49**
Fuchsie 30, 49, **49**
Funkie 55

G

Gartenhandschuhe 13
Gartenhortensie 22
Gartenmesser 12
Gartenschere 12, 25, 30, 36
gegenständig 14
Geißblatt 11
Genista 50
Geranie 30, **36**, 54
Ginster 50
Glyzine 9, 23, 50
Gräser 33

58

Anhang
REGISTER

H
Häcksler 16, **17**
Hängekätzchenweide 20, 50
Hainbuche 26, 27, 45, **45**, 57
Handheckenschere 12, 13, 26
Hartriegel, Blutroter 50
– , Weißer 52
Haselnuss 9, 22, 52, 56
Haupttrieb 7
Hecken 6, 9, 26, **27**, 38, 44
– , ältere 27
– , ältere, ungepflegte 38
– aus Nadelgehölzen 27
– , Bogenform 26
– , einheimische 11
– , junge 27, 38
– , Kastenform 26
– , Schnitt **26**
– , Schnittformen 26
– , Trapezform 26
Heckenrose 22, 26
Heckenschere, elektrische 13, 26
Heckenscheren 12
Heckenschnitt 11, 16, 26
Hedera helix 55
Heidekraut 51
Heiligenkraut 21, 51
Herbst 11, 21
Hibiscus rosa-sinensis 54
Hibiscus syriacus 51
Hibiskus 11, 21, 51, 54, 56
Himbeere 9, 11, 29, **29**, 47, **47**, 57
Hippe 12, 15
Hippophae rhamnoides 53
Hochstämmchen 36
– ziehen 31
Holunder 51
Holz, altes 7
– , einjähriges 7
Horstschnitt 9, **9**, 11, 20, **20**, 21, 21
Hortensien 9, 11, 22, 57
Hosta 55
Hydrangea anomala ssp. *petiolaris* 51
Hydrangea arborescens 52
Hydrangea aspera 51
Hydrangea macrophylla 42, **42**

Hydrangea paniculata 51
Hypericum 51

I
Internodien 7, 14, 28

J
Jasminum nudiflorum 52
Jelängerjelieber 23, 51
Johannisbeere 9, 29, **29**
– , Rote 47, **47**
– , Schwarze 53
Johanniskraut 21, 51
Juniperus communis 52

K
Kamelie 54
Kerria japonica 51
Kirschen 28
Kirschlorbeer 9
Kiwi 53
Kletterhortensie 23, 51
Kletterpflanzen 8, 20, 22, 39, 42
Kletterrosen **10**, **24**, 25
– , Climber 25, 54
– , Rambler 25, 54
Klettertrompete 51
Klingen 13
Knospen 7, 14, 25
– , nach außen zeigende 15
Knoten 7, 14
Kolkwitzia amabilis 51
Kolkwitzie 20, 51
Kompost 16, 17
Kompostmaterial 16
Kräuter 32
– , verholzende 32
– , weichblättrige 32
Kübelpflanzen 6, 9, 11, 30, **30**, 48
Küchenmesser 13, 30

L
Lagerstroemia indica 54
Lagerströmie 54
Lantana-Camara-Hybriden 55
Laurus nobilis 52
Lavandula angustifolia 47, **47**
Lavendel **32**, 47, **47**
Lebensbaum 45, **45**

Leittrieb 7, 39
Liebesperlenstrauch 21, 51
Liguster 26, 27, 34, 45, **45**, 56, 57
Ligustrum vulgare 45, **45**
Lonicera 22, 23, 51, 57
Lonicera caprifolium 51
Lonicera periclymenum 51
Lorbeer 52
Lupine 55
Lupinus-Polyphyllus-Hybriden 55

M
Magnolie 9
Malus-Sorten 46, **46**
Mandelbäumchen 9, 20, **1**, 43, **43**, 56
Margeriten 30
Messer 12
Mirabelle 28, 53
Mulchmaterial 16, 17

N
Nadelbäume 9
Nerium oleander 49, **49**
Neuaustrieb 6, 7, 8
Neutrieb 15
Nodien 7, 14
Nutzpflanzen 46

O
Obstbäume 6, 8, 9, 11, **13**, 15, 28, **28**, 37, 39, **39**
– , junge 9
– , Schnitttechnik 28
– , Schnittzeit 28
Oleander 31, 49, **49**

P
Paeonia-Lactiflora-Hybriden 55
Palmen 31
Passiflora caerulea 54
Passionsblume 54
Pelargonium-Peltatum-Hybriden 54
Pelargonium-Zonale-Hybriden 54
Perovskia abrotanoides 50
Petunia-Hybriden 54
Petunie 30, 54
Pfaffenhütchen 51
Pfeifenstrauch 51

59

Pfingstrose		55
Pfirsich		53
Pflanzenhormon		7
Pflanzschnitt		8, **8**
Pflaume		28, 53
Pflegeschnitte, allgemeine		36
Pflegeschnitte, spezielle		38
Philadelphus-Hybriden		51
Phlox		32, 55
Phlox-Paniculata-Hybriden		55
Pilzkrankheiten		6
Plumbago auriculata		54
Polsterpflanzen		32
Polsterspiree		21
Potentilla	11, 21, **21**, 57
Potentilla fruticosa		50
Prunus avium		53
Prunus cerasifera 'Nigra'		50
Prunus cerasus		53
Prunus domestica		53
Prunus domestica subsp. syriaca		53
Prunus persica		53
Prunus triloba		43, **43**
Pyracantha coccinea		50
Pyrus-Sorten		53

Q
Quirl 7, 38, 39
Quitte 53

R
Ranunkelstrauch	11, 20, 22, 37, 51, 56
Rhododendron		9
Ribes nigrum		53
Ribes rubrum		47, **47**
Ribes sanguineum		50
Ribes uva-crispa		53
Rispenhortensie	22, **23**, 51
Rittersporn		32, 55
Rosa		54, 55
Rosen	8, 9, 11, 24, 36, 37, 48
–, Aststummel		**37**
–, Auslichtungsschnitt		25
–, Blüten, welke		**25**
–, einmal blühende		24, 25
–, Rückschnitt		25
–, Schnitt, richtiger		24
–, Schnitttechnik		24
–, Schnittzeitpunkt		24
–, Wildtriebe		**36**
Rosmarin		**32**, 53
Rosmarinus officinalis		53
Rubus fruticosus		46, **46**
Rubus idaeus		47, **47**
Rückschnitt 8, **9**, 11, 23, 27, 29, 38
–, radikaler 9

S
Säge		13, **13**
Sägeblätter		12, 13
Saftstrom		11
Salbei		53
Salix caprea 'Pendula'		50
Salvia officinalis		53
Salweide		20
Sambucus nigra		51
Sammelstelle		17
Samthortensie		22, 51
Sanddorn		53
Santolina chamaecyparissus		51
Sauerkirsche		53
Schablonen		26
Schadpilze		11
Schädlinge		6
Schlingknöterich		23
Schmalblättriger Sommerflieder		43
Schmetterlingsstrauch	11, 21, 43, **43**
Schneeball		51
Schneeballhortensie		22, 52
Schneiden, richtig		14
Schnitt		6, **6**
–, radikaler		6
–, regelmäßiger		9
Schnittfehler		38
– beseitigen		39
Schnittform		8
Schnitt-Gesetz		6
Schnittgut		16, 17
– häckseln		17
Schnittkante		26
Schnittkurs		28
Schnitt-Zeitpunkt		10
Schönmalve		54
Seitentrieb		7, 20, 28, 39
Sommer		11
Sommerflieder		21, 43, 52, 57
Spätsommer		21
Spätwinter		10, 20, 28
Spierstrauch		52
Spiraea-Sorten		52
Spiree	9, 11, 20, 21, 22, 26, 37, 56
Stachelbeere	9, 11, 29, 53
Straucheibisch		51
Stauden	7, 9, 11, 32, **33**, 36
Stecklinge ziehen		31
Sträucher 6, **7**, 8, 9, 13, **15**, 21, 38, **39**
Strauchmargerite, Gelbe		54
–, Weiße		55
Strauchrosen		**24**, 25, 55
Süßkirsche		53
Syringa vulgaris		50

T
Taxus baccata		52
Thuja	26, 27, 45, **45**, 56
Thuja occidentalis		45, **45**
Thujahecken		9
Thymian		53
Thymus vulgaris		53
Topiary	9, 34, **34**, 35, **35**
Trieb		14
–, diesjähriger		21

U
Überwinterung 6, 30

V
Veredelungsstelle		36
Verjüngen		8
Verkahlen		6
Verwildern		6
Verzweigungsstelle		14
Viburnum x *burckwoodii*		51

W
Wacholder		9, 27, 52
Waldgeißblatt		23, 51
Wandelröschen		30, 55
Wasserschosser		7, 29, 39

Anhang
REGISTER, LITERATUR, ADRESSEN

wechselständig	14
Weigela-Hybriden	52
Weigelie	11, 21, 52, 57
Werkzeug	12, 14
Wigwam	17, 18, **19**
Wildtriebe	**36**, 37
Winter	11
Winterjasmin	52
Winterschutz	11
Wisteria sinensis	50
Wuchsform	7, 8, 20, 25, 38
Wundflächen	15
Wundinfektion	11

Z
Zaubernuss	9
Zellen, teilungsfähige	14
Ziergräser	11, 33, 55
Zierkirsche	9
Ziersträucher	8, 11, 22, **39**
Zitronenbäumchen	31, 49, **49**
Zubehör	12
Zweige, Alter der	20
Zwergmispel	52
Zwetschge	53
Zypresse	27, 52, 56

Literatur

Bischof, Herbert: Das Kosmos Buch vom Obstbaumschnitt. Kosmos Verlag, Stuttgart

Hensel, Wolfgang: Gartenspass für Einsteiger. Gräfe und Unzer Verlag, München

Leufen, Beate: Topiary – Formkunst leicht gemacht. Kosmos Verlag, Stuttgart

Simon, Herta: Das große GU Gartenbuch. Gräfe und Unzer Verlag, München

Zeitschriften

FLORA Garten
Gruner + Jahr AG & Co. KG
20444 Hamburg

kraut & rüben
DLV GmbH
80797 München

mein schöner Garten
Burda Senator Verlag GmbH
Postfach 1520
77605 Offenburg

Bezugsquellen

Elektrische Heckenscheren, Häcksler, Motorsägen:
Robert Bosch GmbH
Postfach 10 01 56
70745 Leinfelden-Echterdingen
www.bosch.pt.de

Wolf-Garten
Industriestraße 83–85
57518 Betzdorf
www.wolf-garten.de

GLORIA-Werke
Postfach 1160
59321 Wadersloh
www.gloria.de

Zubehör für den Formschnitt:
Art & Garden
Luzerneweg 2a
22589 Hamburg

Internetadressen

www.livingathome.de/
Pflanzen & Gärtnern/Gartenkalender

www.bosch-pt.de/Gartengeräte/Do it: Tipps und Tricks: Projekte im Garten

Wichtige Hinweise

▶ Einige der hier beschriebenen Arten sind giftig oder Haut reizend. Beim Schnitt dieser Pflanzen Handschuhe tragen!

▶ Leitern müssen immer stabil stehen.

▶ Tragen Sie bei der Arbeit mit Scheren, Sägen oder Heckenscheren Handschuhe.

▶ Führen Sie Kabel immer hinter Ihrem Rücken.

▶ Bei Verletzungen umgehend einen Arzt aufsuchen oder die Notrufnummer 112 anrufen. Eventuell muß genäht werden und/oder es ist eine Tetanusimpfung nötig.

▶ Halten Sie Kinder bei Schneidarbeiten fern.

▶ Schneidgeräte für Kinder unzugänglich aufbewahren.

▶ Arbeiten Sie nicht mit rostigen, unscharfen Schneidgeräten – Verletzungsgefahr!

Bildnachweis

Borstell: 4/5, 7, 10, 30, 34, 35, 43 re., 45 li., 46 li., 64, U4 li.; Caspersen: 2/3; GBA / Didillon: 33; Jahreiß: U1, 37; Nickig: 6, 27, 43 li., 49 mi.; Pforr: 3, 22, 40/41, 46 re., 47 li., 47 re., 48 li., U4 mi.; PicturePress / Kramp+Gölling: 31; Redeleit: 13, 14, 8, 12, 26, 36, 44 li., 45 re., U4 re.; Reinhard: 11, 16, 17, 38, 42 li., 42 re., 43 mi., 44 re., 45 mi., 47 mi., 48 re., 49 li., 49 re.; Schneider/Will: 19; Stork: 15, 20; Strauß: U2/1, 33.

Illustrationen: Brandstetter: 25; Janiček: 9, 21, 23, 24, 28, 29, 32, 36, 39.

Fotos auf dem Umschlag und im Innenteil:

Umschlagvorderseite: Buchs schneiden; Umschlag innen / S. 1: Bauernhortensien in Blüte; S. 4/5: Schnittwerkzeug; S. 40/41: Ranunkelstrauch (*Kerria japonica*) in Blüte; S. 64: Rosen und Pfingstrosen; Umschlagrückseite: kleine Heckenschere (li.), Flieder (mi.), blühendes Sommerbeet mit Buchseinfassung (re.).

Die Autorin

Anja Flehmig ist gelernte Zierpflanzengärtnerin. Nach mehreren Jahren als Redakteurin ist die zweifache Mutter derzeit als freie Autorin zu den Themen Garten und Zimmerpflanzen tätig.

Impressum

© 2003 Gräfe und Unzer Verlag GmbH, München
Alle Rechte vorbehalten. Nachdruck, auch auszugsweise, sowie Verbreitung durch Film, Funk, Fernsehen und Internet, durch fotomechanische Wiedergabe, Tonträger und Datenverarbeitungssysteme jeder Art nur mit schriftlicher Genehmigung des Verlags.

Redaktion und Konzeption: Angelika Holdau
Lektorat: Barbara Kiesewetter
Umschlaggestaltung und Layout: independent Medien-Design, München
Produktion: Bettina Häfele
Satz: Uhl + Massopust, Aalen
Reproduktion: Longo, Bozen
Druck und Bindung: Kaufmann, Lahr
Printed in Germany

ISBN 3-7742-5749-3

Auflage	4	3	2	1
Jahr	2006	2005	2004	2003

Ein Unternehmen der
GANSKE VERLAGSGRUPPE

Das Original mit Garantie

Ihre Meinung ist uns wichtig. Deshalb möchten wir Ihre Kritik, gerne aber auch Ihr Lob erfahren. Um als führender Ratgeberverlag für Sie noch besser zu werden. Darum: Schreiben Sie uns! Wir freuen uns auf Ihre Post und wünschen Ihnen viel Spaß mit Ihrem GU-Ratgeber.

Unsere Garantie: Sollte ein GU-Ratgeber einmal einen Fehler enthalten, schicken Sie uns das Buch mit einem kleinen Hinweis und der Quittung innerhalb von sechs Monaten nach dem Kauf zurück. Wir tauschen Ihnen den GU-Ratgeber gegen einen anderen zum gleichen oder ähnlichen Thema um.

Ihr Gräfe und Unzer Verlag
Redaktion Garten
Postfach 86 03 25
81630 München
Fax 0 89/4 19 81-1 13
e-mail:
leserservice@
graefe-und-unzer.de

GU PFLANZENRATGEBER
Wenig tun, viel genießen.

ISBN 3-7742-5443-5
64 Seiten
7,90 € [D]

ISBN 3-7742-3633-X
64 Seiten
7,90 € [D]

ISBN 3-7742-3643-7
64 Seiten
7,90 € [D]

ISBN 3-7742-5441-9
64 Seiten
7,90 € [D]

ISBN 3-7742-3624-0
64 Seiten
7,90 € [D]

Gärtnern schnell & einfach? Gar kein Problem! Verwandeln Sie Garten, Terrasse, Balkon und Haus im Handumdrehen in eine grüne Oase. Das 5-Stufen-Erfolgsprogramm zeigt, wie's geht.

Änderungen und Irrtum vorbehalten.

WEITERE LIEFERBARE TITEL BEI GU:

▶ **GU PFLANZENRATGEBER:** **Balkonpflanzen, Bambus, Natürlich gärtnern, Orchideen, Rasen, Zwiebelblumen & Co.**

Gutgemacht. Gutgelaunt.

▶ **DIE NAMEN KENNEN**
Notieren Sie von möglichst allen Sträuchern und Kletterpflanzen den **Namen** sowie **Schnittform** und **Schnittzeitpunkt**. Gehen Sie in den Wintermonaten ein paarmal durch den Garten, und schreiben Sie auf, welche Pflanzen einen Schnitt brauchen. Planen Sie mit diesen Notizen die nächsten Schnittarbeiten.

So wird Pflanzen schneiden ein Erfolg

▶ **RICHTIG SCHNEIDEN**
Schneiden Sie immer etwa 5 mm über Augen oder Knospen. Nur hier liegen **teilungsfähige Zellen**, die rasch neue Triebe bilden. Setzen Sie die Schere **leicht schräg** über nach außen zeigenden Knospen oder Augen an. Achten Sie darauf, dass die Schnittränder glatt sind und die Zweige nicht gequetscht werden.

▶ **SONDERFALL OBSTBÄUME**
Anders als bei Sträuchern lässt man bei Obstbäumen die **Spitzen** der Triebe am Baum, da sich sonst viele Wasserschosser oder Quirle bilden. Lichten Sie den Baum vor allem im Inneren seiner **Krone** aus: Entfernen Sie dort die Äste, die sich kreuzen.

▶ **GUT AUSGERÜSTET**
Feste **Schuhe**, in denen Sie guten Halt haben, eine lange **Hose** und eine langärmelige **Jacke** schützen Sie vor Verletzungen, die man sich bei der Arbeit im Gestrüpp schnell holen kann. Gartenhandschuhe sollte man beim Schnitt von Rosen oder Sträuchern immer tragen.